Grundschule

Melanie Mroz

Lapbook Unser Körper

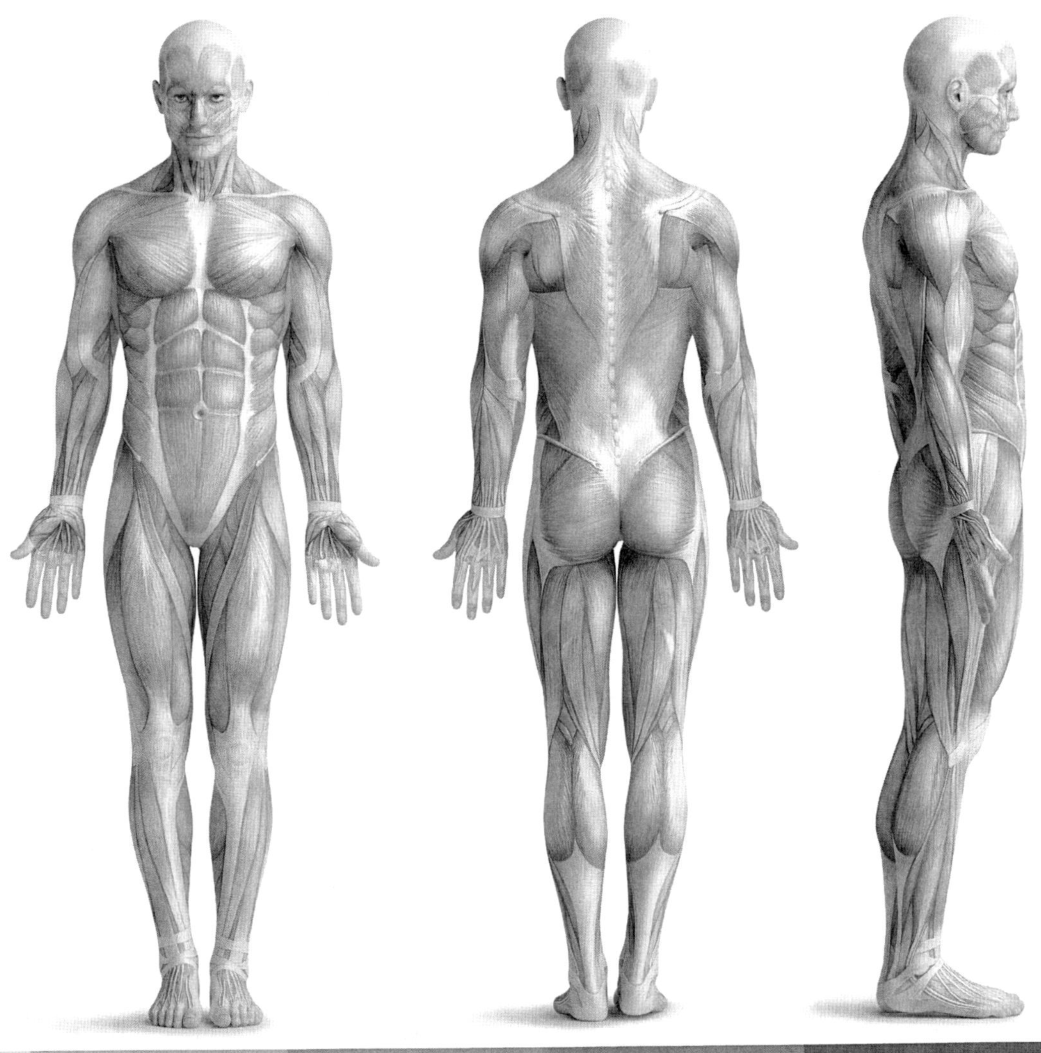

Den menschlichen Körper kreativ erarbeiten

www.kohlverlag.de

Lapbook Unser Körper

Den menschlichen Körper kreativ erarbeiten

1. Auflage 2024

Idee und Text: Melanie Mroz
Coverbilder: © adimas – AdobeStock.com
Redaktion: Kohl-Verlag
Grafik & Satz: Tatjana Wörner & Kohl-Verlag
Druck: Druckerei Flock, Köln

Bestell-Nr. 12 884

ISBN: 978-3-98558-284-6

Bildquellen: © AdobeStock.com

S. 3-67: tigatelu; **S. 9-56:** Iuliia; **S. 7:** GraphicsRF; **S. 8:** Catur, yodiyim; **S. 12+13:** lembergvector; **S. 16:** Henrie; **S. 17:** picture-waterfall; **S. 17-19:** AldanNa; **S. 19:** eveleen007; **S. 20:** VRD; **S. 22:** blueringmedia; **S. 23:** bilderzwerg; **S. 27:** DigitalParadise; **S. 28:** ag visuell; **S. 28-30:** AldanNa; **S. 32:** alina_polina; **S. 33:** bilderzwerg; **S. 37:** sabelskaya; **S. 41:** Francois Poirier; **S. 45:** Studio Barcelona; **S. 49:** Francois Poirier; **S. 50:** Bulgakova Kristina; **S. 50-53:** AldanNa; **S. 57:** Catur; **S. 58:** lembergvector; **S. 60:** eveleen007, blueringmedia; **S. 63:** bilderzwerg

Inhalt

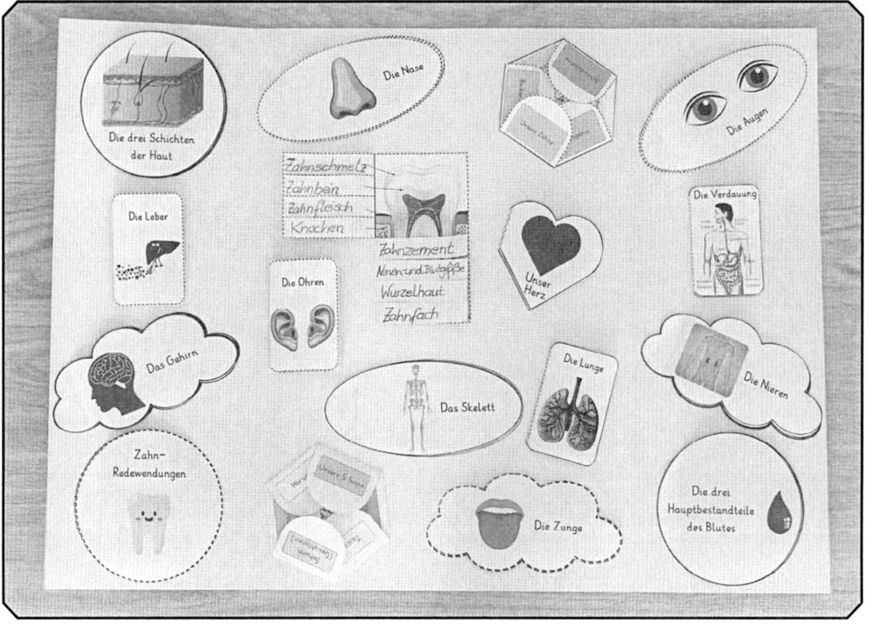

LAPBOOK UNSER KÖRPER
Den menschlichen Körper kreativ erarbeiten – Bestell-Nr. 12 884
KOHL VERLAG

Vorwort

In der letzten Zeit ist es recht modern, im Unterricht Lapbooks einzusetzen. Aber was sind Lapbooks überhaupt? Anhand von Lapbooks können Kinder ihre individuellen Lernergebnisse auf eine ansprechende Art präsentieren. Neben der Beschäftigung mit einzelnen Themen, sind die Kleinen auch mit Basteln, Kleben, Schreiben und Verzieren beschäftigt, was auf eine spielerische Art und Weise auch die Feinmotorik fördert.
Im vorliegenden Buch sind Vorlagen zum Thema „Menschlicher Körper" zu finden. Mit deren Hilfe können die Kinder kreativ in Eigenarbeit – entweder alleine oder in Gruppenarbeit – Lapbooks erstellen. Dies bietet sich hervorragend für Stationentage, offenes Lernen oder als Präsentation bei Kinder-Eltern-Lehrpersonen-Gesprächen an. Dabei werden – je nach Kreativität und Geschick – fertige Kopiervorlagen verwendet und diese ausgeschnitten und zusammengeklebt oder selbst ausgefüllt, bis hin zum eigenständigen Entwerfen von Laschen, Taschen und sonstigen Elementen. Die Ergebnisse können beurteilt und an die Kinder rückgemeldet werden, ebenso ist die Möglichkeit für die Kinder vorhanden, ihr eigenes Werk selbst einzuschätzen – dazu gibt es im Buch Bewertungsbögen. Im Sinne der Wertschätzung der Werke der Kinder können die fertigen Exemplare auch in einer Art Ausstellung für die gesamte Schule vorgestellt werden – den jeweils eigenen Ideen sind keinerlei Grenzen gesetzt.

Was benötige ich eigentlich für ein Lapbook?

- eine Schere
- Klebstoff
- Klebeband
- einen bunten DIN B2 Bogen (oder ein anderes Maß – dann könnten zur Erweiterung eventuell Pappstreifen angeklebt oder nur ausgewählte Bastelelemente verwendet werden)
- verschiedene Stifte, wie Bunt-, Filz- und Bleistifte
- eine Klarsichtshülle, um bereits ausgeschnittene Papierteile gut verwahren zu können
- zum Thema passende Sticker, Stanzteile, ausgeschnittene Bilder ...

Versuche bei deinen Schneide- und Klebearbeiten genau und sauber zu arbeiten. Je mehr Mühe du dir gibst, desto schöner wird dein Ergebnis. Es wird dir sicher viel Spaß bereiten, das Lapbook zu erstellen, und – was das Beste daran ist – du wirst sicher viel dabei lernen.

Viel Freude beim Erstellen wünschen der Kohl-Verlag und

Melanie Mroz

So schätze ich mein Lapbook selbst ein

Name: ______________________

Meine Arbeitsweise

☺ 😐 ☹	Ich habe ohne Hilfe gearbeitet.
☺ 😐 ☹	Ich war sehr ausdauernd und konzentriert.
☺ 😐 ☹	Ich hatte gute Lösungsansätze bei Problemen.
☺ 😐 ☹	Bei Gruppenarbeiten habe ich mich als tolles Teammitglied gezeigt.

Meine Gestaltung

☺ 😐 ☹	Meine Schneide-, Falt- und Klebearbeiten habe ich sauber ausgeführt.
☺ 😐 ☹	Meine Minibücher und Klapptexte sind logisch angeordnet.
☺ 😐 ☹	Meine Schrift und Gestaltung sind sehr sauber.
☺ 😐 ☹	Meine Ausführung ist zum Thema passend.

Meine Inhalte

☺ 😐 ☹	Ich kenne viele Informationen zum Thema.
☺ 😐 ☹	Ich habe alle Pflichtthemen bearbeitet.
☺ 😐 ☹	Ich habe die Informationen sinnvoll und richtig dargestellt.
☺ 😐 ☹	Ich habe eigene Inhalte und Ideen ergänzt.

Was ist an meinem Lapbook besonders?
Welche Arbeit hat mir besonders gefallen?

LAPBOOK UNSER KÖRPER
Den menschlichen Körper kreativ erarbeiten – Bestell-Nr. 12 884

Die Gestaltung deines Lapbooks

Name: ____________________________

Deine Arbeitsweise

☺ 😐 ☹	Du hast ohne Hilfe gearbeitet.	☺ 😐 ☹	Du hattest gute Lösungsansätze bei Problemen.
☺ 😐 ☹	Du warst sehr ausdauernd und konzentriert.	☺ 😐 ☹	Bei Gruppenarbeiten hast du dich als tolles Teammitglied gezeigt.

Deine Gestaltung

☺ 😐 ☹	Deine Schneide-, Falt- und Klebearbeiten hast du sauber ausgeführt.	☺ 😐 ☹	Deine Schrift und Gestaltung sind sehr sauber.
☺ 😐 ☹	Deine Minibücher und Klapptexte sind logisch angeordnet.	☺ 😐 ☹	Deine Ausführung ist zum Thema passend.

Deine Inhalte

☺ 😐 ☹	Du kennst viele Informationen zum Thema.	☺ 😐 ☹	Du hast die Informationen sinnvoll und richtig dargestellt.
☺ 😐 ☹	Du hast alle Pflichtthemen bearbeitet.	☺ 😐 ☹	Du hast eigene Inhalte und Ideen ergänzt.

Was ist an deinem Lapbook besonders?

Was ich dir dazu noch rückmelden möchte:

LAPBOOK UNSER KÖRPER
Den menschlichen Körper kreativ erarbeiten – Bestell-Nr. 12 884

Mein Körper-Lapbook

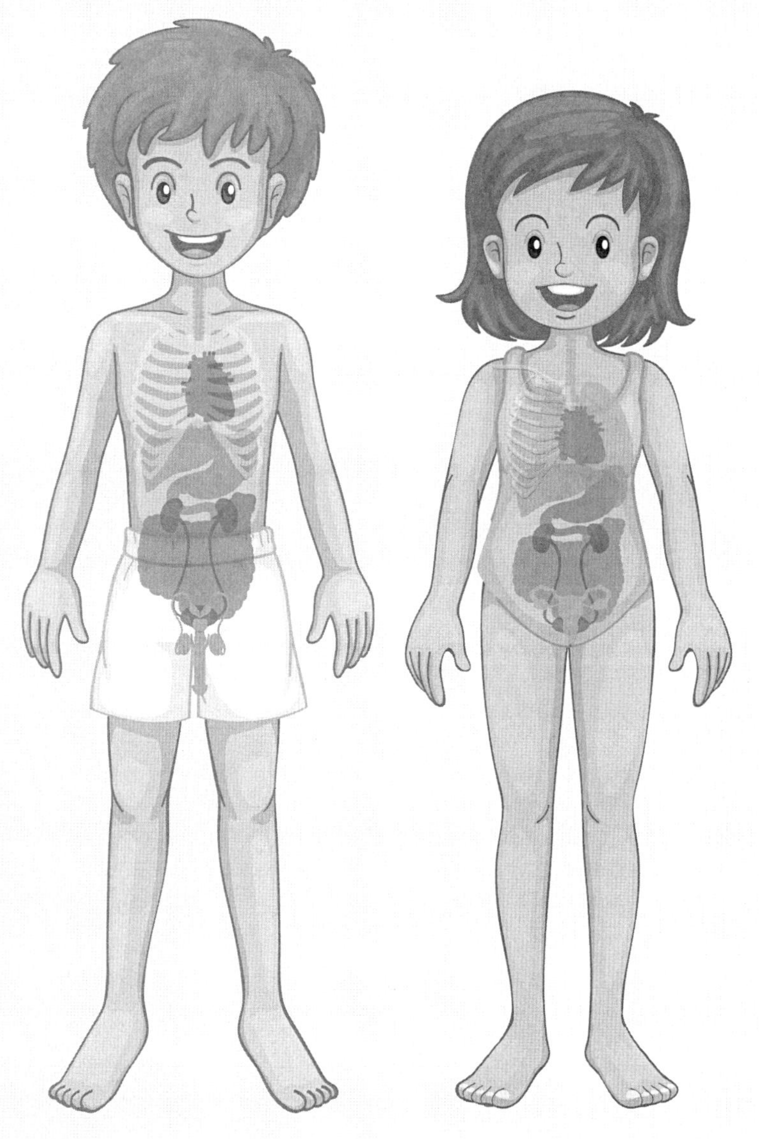

Name: ______________________________

Dieses Titelblatt kann auf DIN A3 kopiert, ausgeschnitten und mittig auf das zusammengeklappte Lapbook aufgeklebt werden. Anschließend wird das Titelbild noch in der Mitte durchgeschnitten.

KOHL VERLAG
LAPBOOK UNSER KÖRPER
Den menschlichen Körper kreativ erarbeiten – Bestell-Nr. 12 884

Unser Herz

Schneide die Herz-Formen auf der nächsten Seite aus und klebe sie aneinander. Knicke das Herz an den durchgezogenen Linien und falte es wie eine Ziehharmonika. Die Herzen mit den Texten kannst du entweder ausschneiden und auf die Herzen kleben, oder du schreibst die Texte selbst darauf. Hier findest du die Lösungswörter, die auf den Zeilen eingetragen werden sollen:

Herzschlag • Stethoskop • Körper • Minute • Blut

Unser Herz ist ein kräftiger Muskel, der das ________________ durch unseren Körper pumpt. Es ist etwa so groß wie eine Faust.

Man kann spüren, wie das Herz in der Brust das Blut durch den ________________ pumpt. Es schlägt immer – auch, wenn man schläft.

Mit einem Stethoskop kann ein Arzt unseren ________________ hören. So kann er erkennen, ob das Herz gesund ist.

____

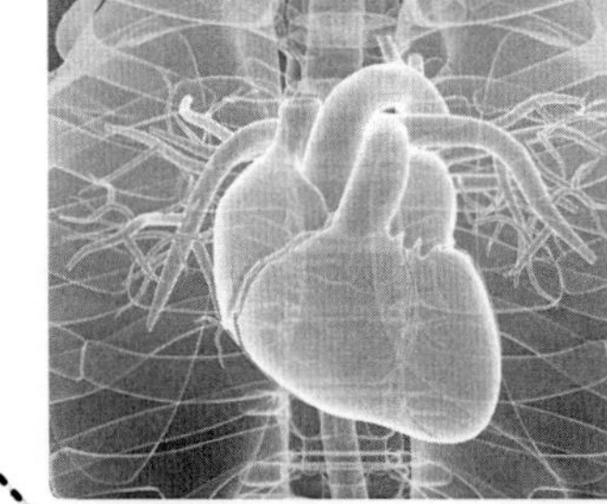

Unser Herz schlägt etwa 70 bis 120-mal in der ________________. Wenn wir uns anstrengen, nimmt unser Herzschlag zu.

KOHL VERLAG – LAPBOOK UNSER KÖRPER – Den menschlichen Körper kreativ erarbeiten – Bestell-Nr. 12 884

Unser Herz

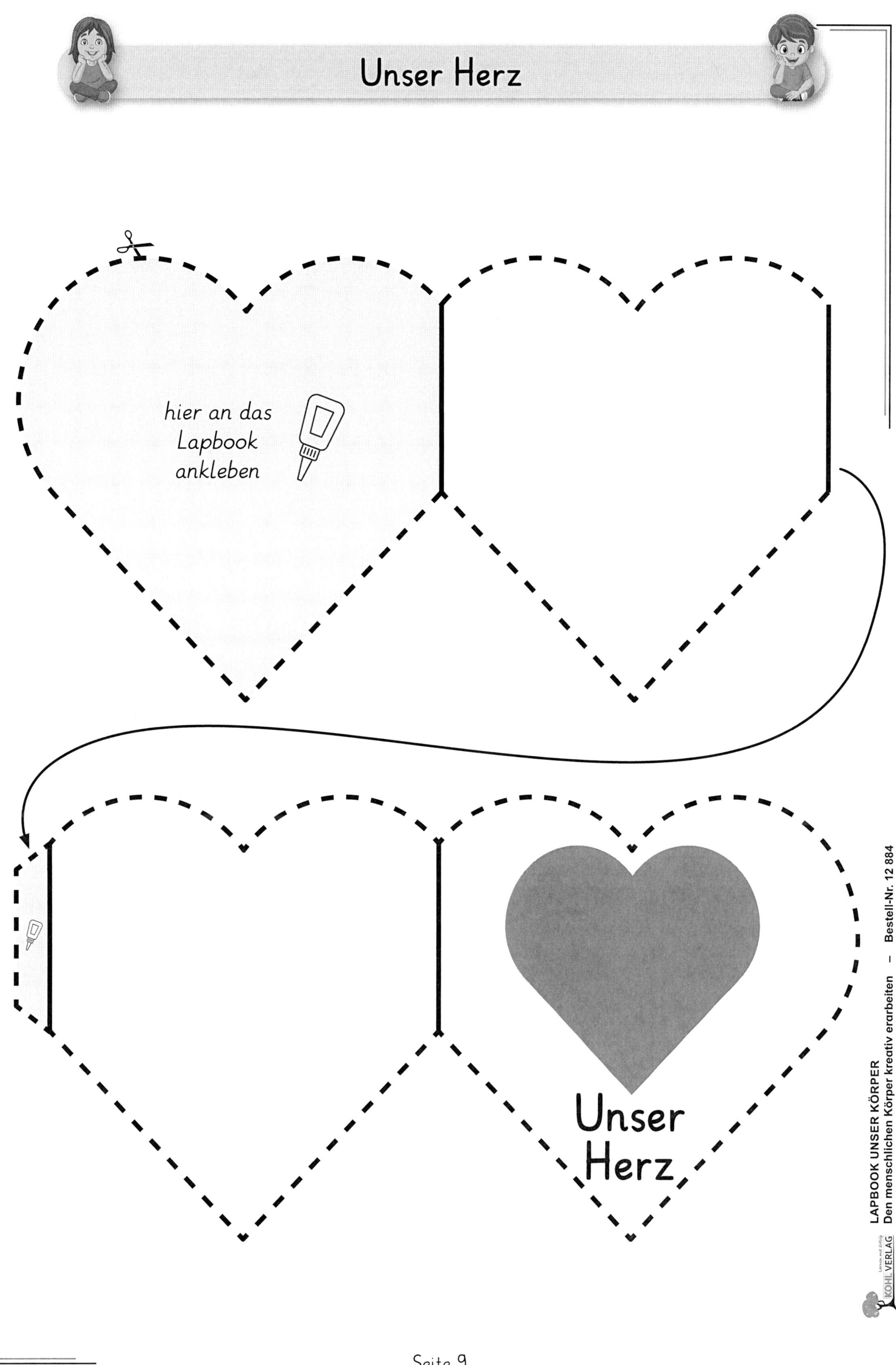

LAPBOOK UNSER KÖRPER
Den menschlichen Körper kreativ erarbeiten – Bestell-Nr. 12 884
KOHL VERLAG

Unsere 5 Sinne – erarbeite die Sinneblume

Schneide die Form auf der nächsten Seite aus. Falte die Bögen an den durchgezogenen Linien. Die Kästchen mit den Texten kannst du entweder ausschneiden und auf die Bögen kleben, oder du schreibst die Texte selbst darauf. Die farbigen Felder gehören auf die Außenseiten, die weißen auf die Innenseiten. Du solltest darauf achten, dass du die Texte in den weißen Feldern den richtigen farbigen Feldern zuordnest. Hier findest du die Lösungswörter, die du auf die Zeilen in den weißen Kästchen eintragen sollst:

Augen • Nase • Ohren • Haut • Zunge • Der Mensch hat 5 Sinne.

Unsere 5 Sinne

____

Sehsinn (Gesichtssinn)

____

Hörsinn

____

Tastsinn

____

Geruchssinn

____

Geschmackssinn

____

Diesen Text musst du vervollständigen. Die entsprechenden Lösungswörter findest du hier:

hören • riechen • schmeckt • Temperaturen • sieht • fühlt

Wenn du fertig bist, schneide das Sechseck aus und klebe es in die Sinne-Blume.

Mit den Augen ______________ man, was um uns herum passiert. Mit den Ohren kann man vielerlei Geräusche ______________. Mit der Haut ______________ man Dinge, auch ______________ nimmt man wahr. Die Zunge ______________ Dinge, die du in den Mund nimmst, und während du mit der Nase atmest, kannst du ______________.

LAPBOOK UNSER KÖRPER
Den menschlichen Körper kreativ erarbeiten – Bestell-Nr. 12 884

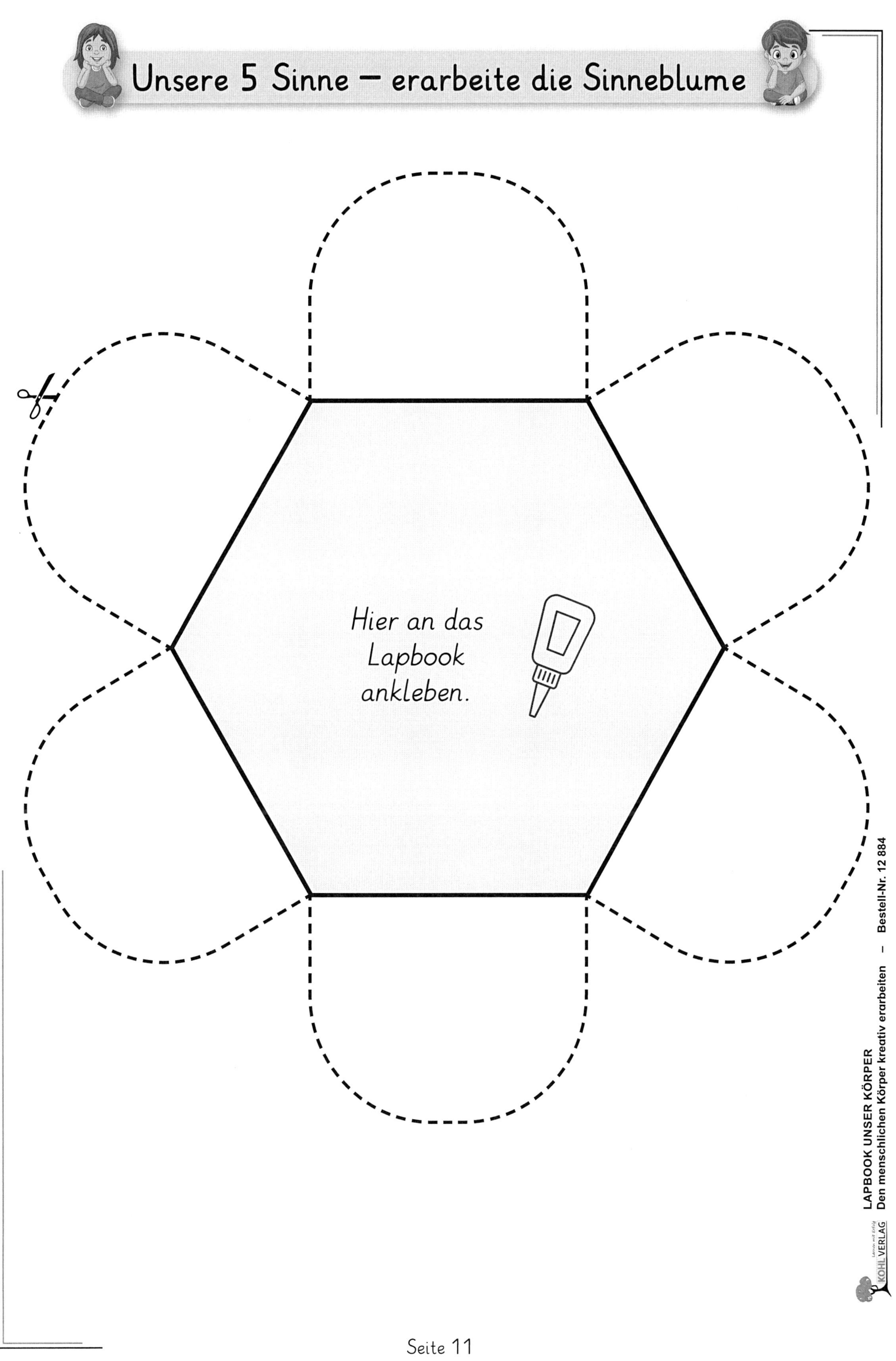
Hier an das
Lapbook
ankleben.

Das Skelett – unser Stützapparat

Schneide die Formen an der gestrichelten Linie aus. Falte die Elipsen an den durchgezognen Linien und klebe jeweils die Klebeflächen übereinander. Zum Schluss klebst du das Büchlein an dessen letzter Rückseite in dein Lapbook. Hier findest du die Lösungswörter, die du auf die Zeilen in den Elipsen eintragen sollst:

206 • Sattelgelenk • weich • Brustkorb • 350 • Steigbügel • Gehirn • Oberschenkelknochen • Knochen • Gelenken • Stabilität • Kugelgelenk • Skelett • zusammenwachsen • Ohr • Scharniergelenk • inneren Organe • Schädelknochen • Kopf • Rumpf • Gliedmaßen

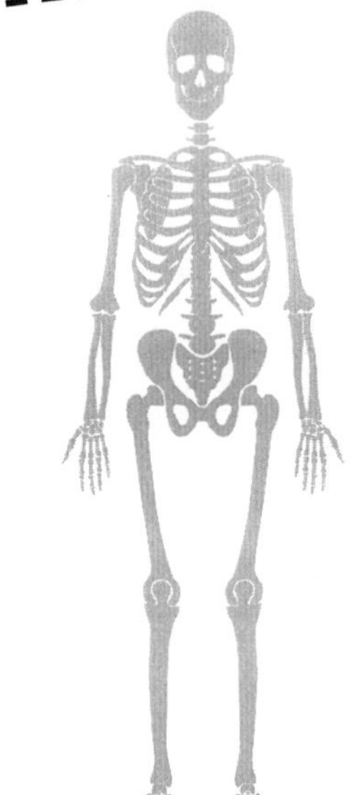

Das Skelett

Unser Knochengerüst wird

____________________ genannt.

Es gibt dem Körper die notwendige

____________________, da wir sonst wie ein Fleischsack herumliegen würden. Die einzelnen Teile des Skeletts nennt man

____________________.

Das Skelett – unser Stützapparat

Das Skelett eines erwachsenen Menschen besteht aus ca. ________ Knochen, das eines Babys aus etwa ______________.
Das liegt daran, dass viele Knochen eines Kindes noch ____________________ müssen. Die Knochen eines Babys sind teilweise noch sehr ________________.

Das Skelett schützt auch unsere ________________________________.
Im ____________________ befinden sich z. B. das Herz und die Lunge. Unser wichtigstes Organ, das __________________ wird vom ____________________________ geschützt.

Der kleinste Knochen des menschlichen Skeletts ist im ____________. Er wird ________________________ genannt und ist ca. 2,6 bis 3,4 mm lang. Der längste Knochen ist im Oberschenkel und heißt ______________ ______________.

KOHL VERLAG
LAPBOOK UNSER KÖRPER
Den menschlichen Körper kreativ erarbeiten – Bestell-Nr. 12 884

Das Skelett – unser Stützapparat

Damit dein Körper sich bewegen kann, hat er verschiedene Arten von ______________________. Es gibt das ______________________ (z. B. Hüfte), das ______________________ (z. B. Ellenbogen) und das ______________________ (Daumengelenk).

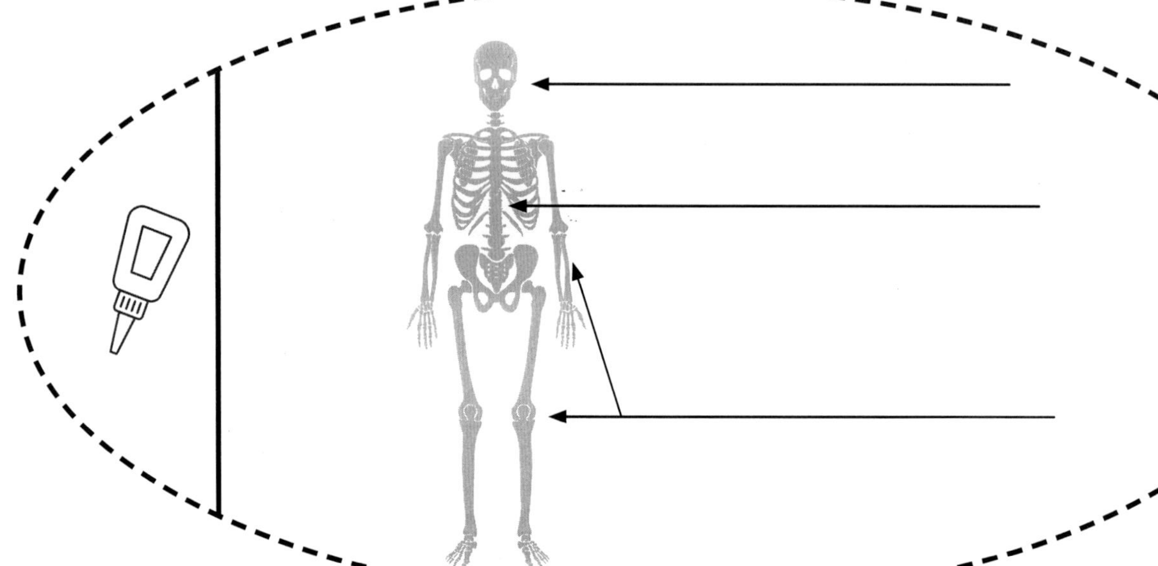

KOHL VERLAG LAPBOOK UNSER KÖRPER Den menschlichen Körper kreativ erarbeiten – Bestell-Nr. 12 884

Unsere Verdauung

Schneide das Leporello aus. Knicke es an den durchgezogenen Linien und falte es wie eine Ziehharmonika. Die Kästchen mit den Texten kannst du entweder ausschneiden und auf die Flächen kleben, oder du schreibst die Texte selbst darauf. Achte auf die richtige Reihenfolge! Hier findest du die Lösungswörter, die auf den Zeilen eingetragen werden sollen:

Verdauungssäfte • Nieren • Verdauungssäfte • Dickdarm • After • Vitamine • Gallenflüssigkeit • Schlucken • Zucker • Dünndarm • Mund • Flüssigkeit • Speichel • Speiseröhre • Magen • Nährstoffe • Bauchspeicheldrüse • Leber

Die ______________-
____
stellt ebenfalls Verdauungssäfte her, die sie an den Dünndarm abgibt. Außerdem achtet sie darauf, dass immer die richtige Menge
____
im Blut vorhanden ist.

Die ______________
reinigt das Blut, verarbeitet die Nährstoffe, die sie mit dem Blut aus dem Dünndarm bekommt und schickt diese an die Nieren weiter. Dann holt sie Zucker und
____
aus dem Blut und speichert sie für später. Sie stellt auch die
____
für die Verdauung im Dünndarm her.

Im Dickdarm landet nun der wertlose, wässrige Brei, den der Körper nicht mehr braucht. Der Dickdarm nimmt die
______________ mit
den Blutgefäßen in seinen Wänden auf und schickt sie mit dem Blut an die
____
weiter. Der Rest ist Abfall und wird durch den
____
ausgeschieden.

Die Verdauung beginnt bereits im
______________.
Durch sorgfältiges Kauen vermischt sich die Speise mit dem
____
zu einem Brei. Mit der Zunge schmeckt man die Nahrung. Durch das ______________
gelangt die matschige Nahrung über die
____
in den Magen.

Im ______________
wird die Nahrung in einen wässrigen Brei verwandelt. Zuerst wird der Magen an beiden Enden verschlossen. Dann tropfen aus seinen Wänden verschiedene
______________,
sodass sich die zermatschte Nahrung in noch kleinere Teile auflöst. Nach ca. 3 Stunden fließt der Brei weiter zum
______________.

Der Dünndarm ist ein sehr dünner Schlauch, aber ca. 6 m lang. Damit er genug Platz hat, ist er in viele kleine Schlingen zusammen gelegt.
____
aus der Leber und der Bauchspeicheldrüse fließen hinein. Dort werden die wertvollen
____
aufgenommen und der Rest kommt in den
______________.

LAPBOOK UNSER KÖRPER
Den menschlichen Körper kreativ erarbeiten – Bestell-Nr. 12 884

Unsere Verdauung

Die Verdauung

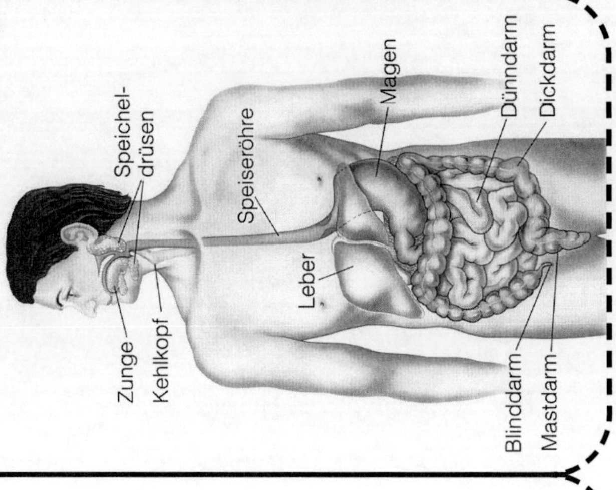

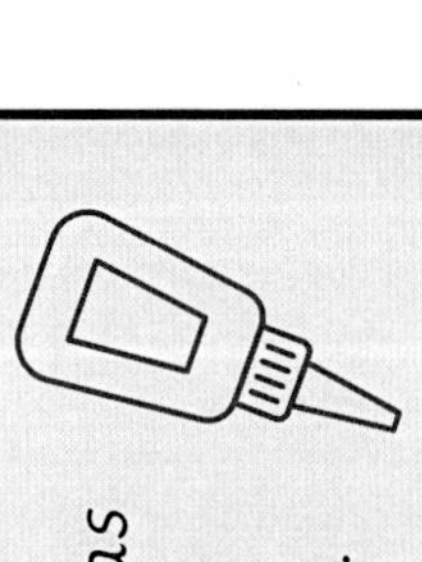

Speichel-
drüsen
Zunge
Kehlkopf
Speiseröhre
Leber
Magen
Dünndarm
Dickdarm
Blinddarm
Mastdarm

Hier an das Lapbook ankleben.

Unser Gehirn

Schneide die Formen aus. Falte die Wolken an den durchgezogenen Linien und klebe jeweils die Klebeflächen übereinander. Zum Schluss klebst du das Büchlein an dessen letzter Rückseite in dein Lapbook. Hier findest du die Lösungswörter, die du auf die Zeilen schreiben sollst:

Zwischenhirn • Schädelknochen • 1 Meter • Großhirn (2x) • Großhirnrinde (2x) • Nervenzellen und Nervenfasern • Gleichgewicht • 5 Sinne • elektrische Reize • 2 Hälften • Sprechenlernen • Kleinhirn • Rückenmark • Sinnesorganen • Stammhirn (2x)

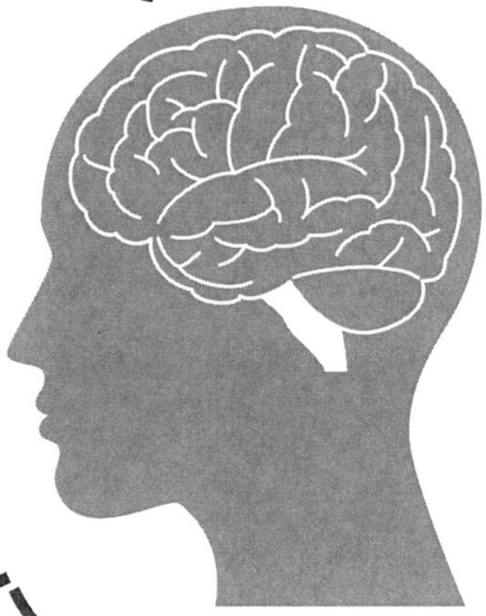

Das Gehirn

Das Gehirn wird vom harten ________________,
von 3 Häuten und einer Flüssigkeit geschützt und wiegt beim erwachsenen Menschen ca. 1400 Gramm (= 1,4 Kilogramm). Es besteht aus mehr als 100 Milliarden (100.000.000.000)

________________________________.

LAPBOOK UNSER KÖRPER
Den menschlichen Körper kreativ erarbeiten – Bestell-Nr. 12 884
KOHL VERLAG

Unser Gehirn

NERVENZELLEN verarbeiten ________________ ____________________, die aus dem Körper oder von den Sinnesorganen kommen. **NERVENFASERN** sind die Verbindungen zwischen den einzelnen Nervenzellen und können ________________ lang werden (Rückenmark). Die Stellen, an denen diese Nervenfasern zusammenstoßen, heißen SYNAPSEN.

Das **GROßHIRN** hat viele Falten und besteht aus ________________, die durch einen dicken Nervenstrang verbunden sind. Die äußere Schicht nennt man ____________________. Diese enthält viele Milliarden NERVENZELLEN. Hier werden alle Informationen, die über die ________________ wahrgenommen werden, verarbeitet. Aber auch das GEDÄCHTNIS hat hier seinen Sitz und BEWEGUNGEN werden von hier aus gesteuert.

Das **KLEINHIRN** besteht ebenfalls aus 2 Hälften und liegt hinten unter dem ________________. Es ist vor allem für das ____________________ und Zusammenspiel von MUSKELN und BEWEGUNGEN zuständig. Aber auch für das ______________________________ spielt es eine wichtige Rolle.

LAPBOOK UNSER KÖRPER
Den menschlichen Körper kreativ erarbeiten – Bestell-Nr. 12 884
KOHL VERLAG

Unser Gehirn

Das **ZWISCHENHIRN** liegt gut geschützt unter dem Großhirn und verbindet dieses mit dem ____________________. Hier werden Informationen aus dem Körper und von außerhalb verarbeitet, bevor sie in die ____________________________ weiter geleitet werden.

Das **STAMMHIRN** (oder **HIRNSTAMM**) besteht hauptsächlich aus NERVENFASERN und verbindet das ____________________ mit dem Großhirn, sowie die beiden Großhirnhälften. Hier laufen alle Informationen aus den ______________________ zusammen und werden an das Großhirn weitergeleitet. Von hier aus werden auch alle lebenswichtigen Körperfunktionen gesteuert und REFLEXE ausgelöst.

Gehirn von unten gesehen

KOHL VERLAG LAPBOOK UNSER KÖRPER Den menschlichen Körper kreativ erarbeiten – Bestell-Nr. 12 884

Das Blut – unser Versorgungskanal

Schneide die runden Formen aus und schneide die waagrechten gestrichelten Linien bis zur durchgezogenen Linie ein. Falte sie an den durchgezogenen Linien und klebe jeweils die Klebeflächen übereinander. Das Deckblatt „Die drei Hauptbestandteile des Blutes" kommt oben drauf. Klebe auch die Textfelder an die richtigen Stellen. Zum Schluss klebst du das Büchlein an dessen letzter Rückseite in dein Lapbook.

Die drei Hauptbestandteile des Blutes

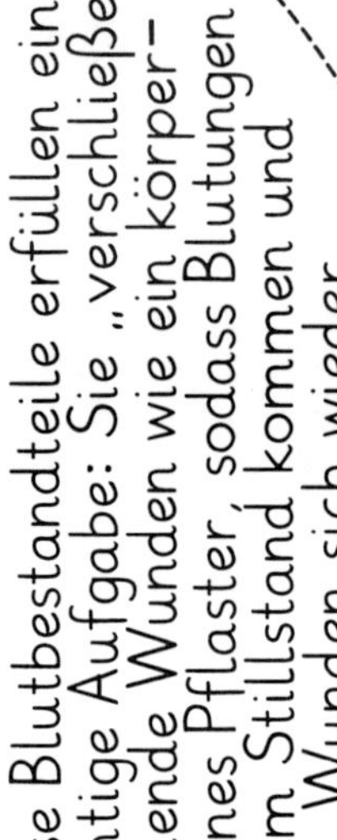

Rote Blutkörperchen (Erythrozyten)

Weiße Blutkörperchen (Leukozyten)

Blutplättchen (Thrombozyten)

Diese Teile des Blutes bilden den größten Anteil der Zellen im Blut. Sie können sich leicht verformen und sich in jedes noch so kleine Blutgefäß quetschen, um den Körper mit Sauerstoff zu versorgen und das Abfallprodukt Kohlendioxid abzutransportieren.

Diese Teile des Blutes sind die „Körperpolizei". Sie erkennen Viren, Bakterien und andere Krankheitserreger, aber auch fremde Zellen und Gewebe und können diese abwehren.

KOHL VERLAG LAPBOOK UNSER KÖRPER Den menschlichen Körper kreativ erarbeiten – Bestell-Nr. 12 884

Das Blut – unser Versorgungskanal

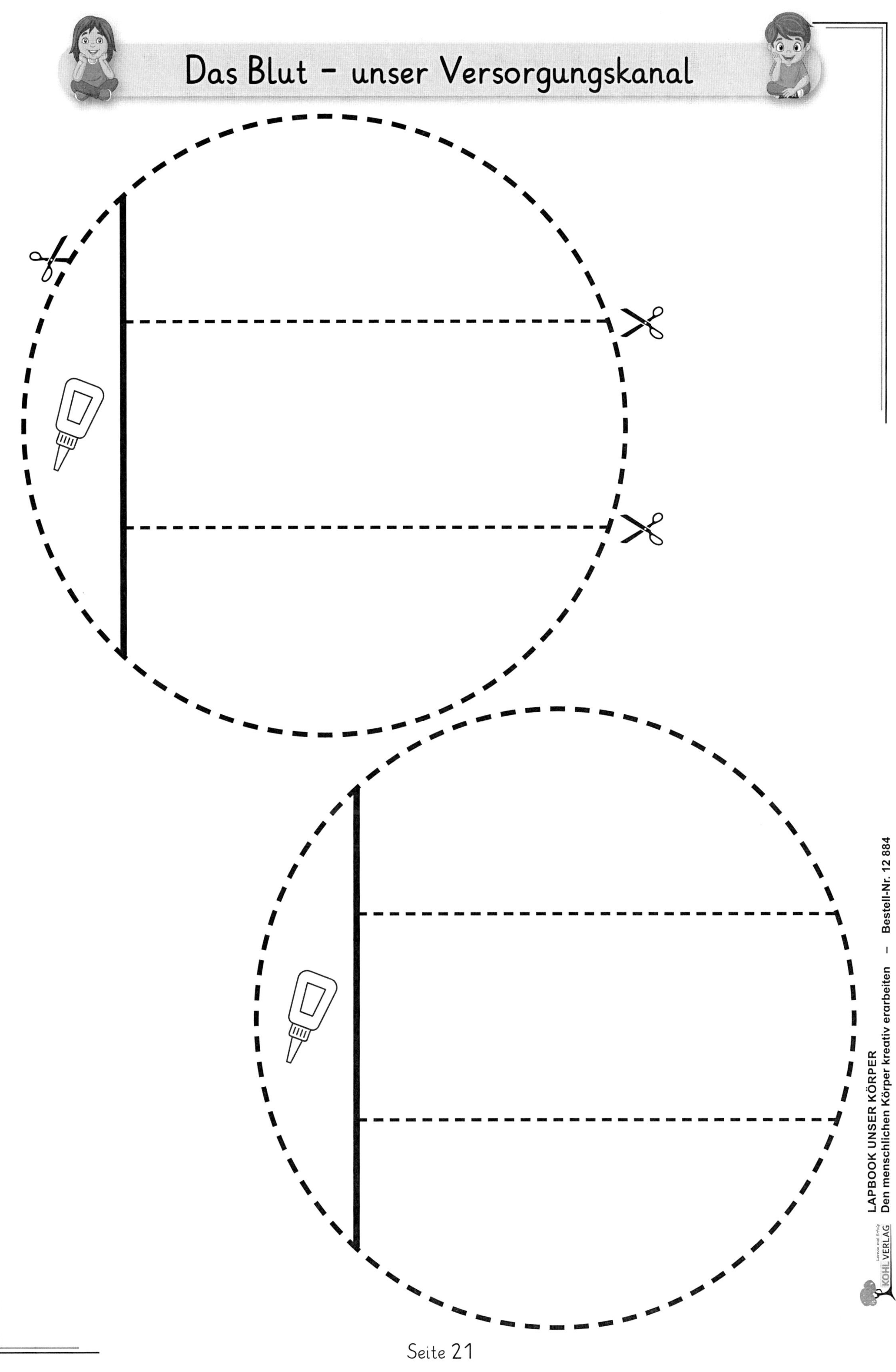

Das Blut - unser Versorgungskanal

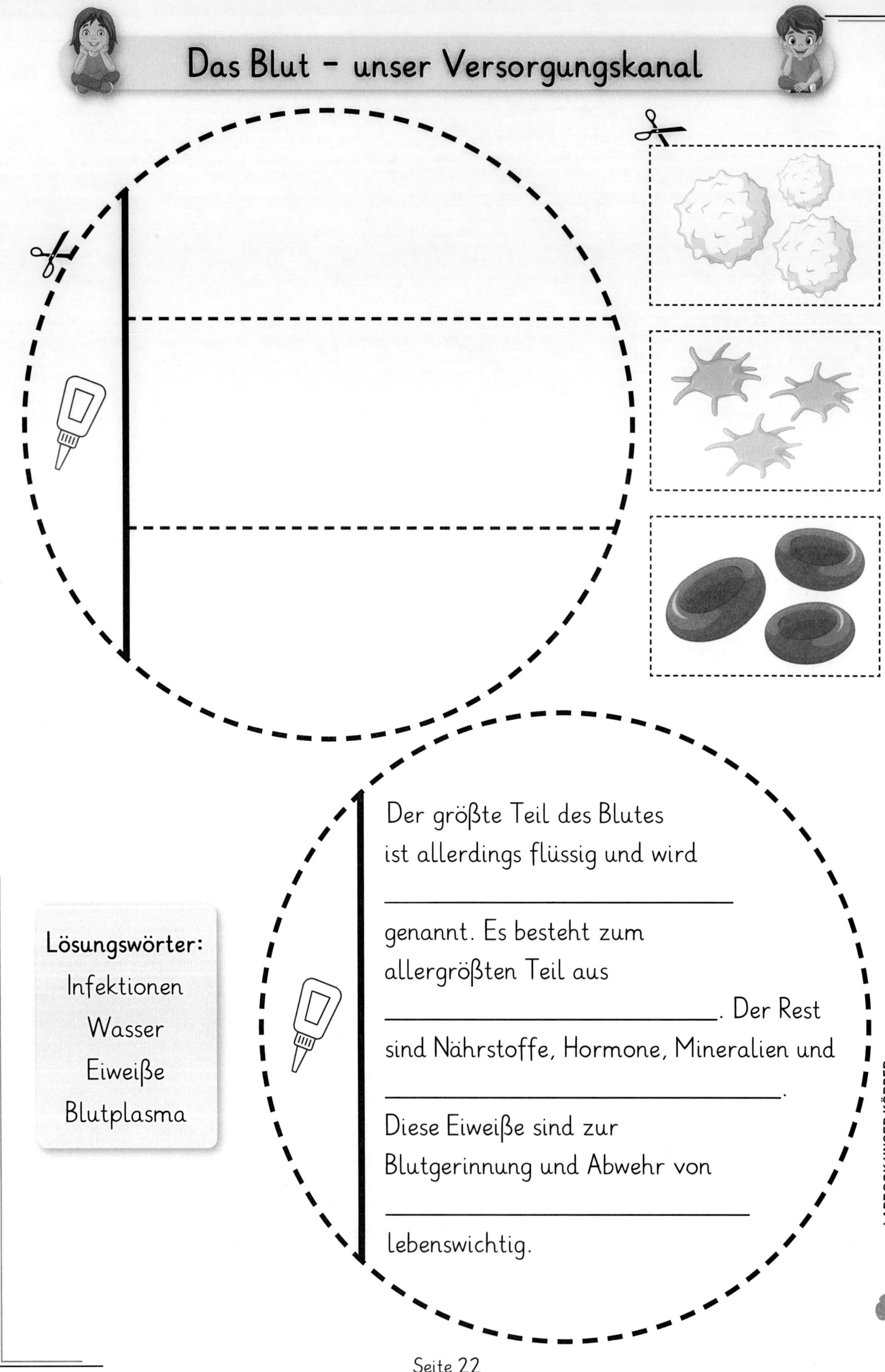

Der größte Teil des Blutes ist allerdings flüssig und wird

____

genannt. Es besteht zum allergrößten Teil aus

______________________________. Der Rest sind Nährstoffe, Hormone, Mineralien und

______________________________.

Diese Eiweiße sind zur Blutgerinnung und Abwehr von

____

lebenswichtig.

Lösungswörter:

Infektionen

Wasser

Eiweiße

Blutplasma

LAPBOOK UNSER KÖRPER
Den menschlichen Körper kreativ erarbeiten – Bestell-Nr. 12 884
KOHL VERLAG

Die Haut – unser größtes Organ

Schneide die runden Formen aus und schneide die waagrechten gestrichelten Linien bis zur durchgezogenen Linie ein. Falte sie an den durchgezogenen Linien und klebe jeweils die Klebeflächen übereinander. Das Deckblatt „Die drei Schichten der Haut" kommt oben drauf. Klebe auch die Textfelder an die richtigen Stellen. Zum Schluss klebst du das Büchlein an dessen letzter Rückseite in dein Lapbook.

Die drei Schichten der Haut

Die Subcutis ist die unterste der drei Hautschichten. In ihr werden Wasser und Fett eingelagert, als Notfallspeicher für den Körper. Außerdem schützt das Fett den Körper vor Kälte.

Oberhaut (Epidermis)

Die Dermis oder Lederhaut ist die mittlere der drei Hautschichten. In ihr befinden sich die Talg- und Schweißdrüsen, Haarwurzeln, Gefäße und Nerven sowie Muskelzellen.

Lederhaut (Dermis)

Unterhaut und Fettgewebe (Subcutis)

Die Epidermis ist die oberste Hautschicht, die Grenze unseres Körpers zur Außenwelt. Sie bildet eine Schutzbarriere gegen Fremdstoffe ebenso vor UV-Strahlung und Belastung.

LAPBOOK UNSER KÖRPER
Den menschlichen Körper kreativ erarbeiten – Bestell-Nr. 12 884
KOHL VERLAG

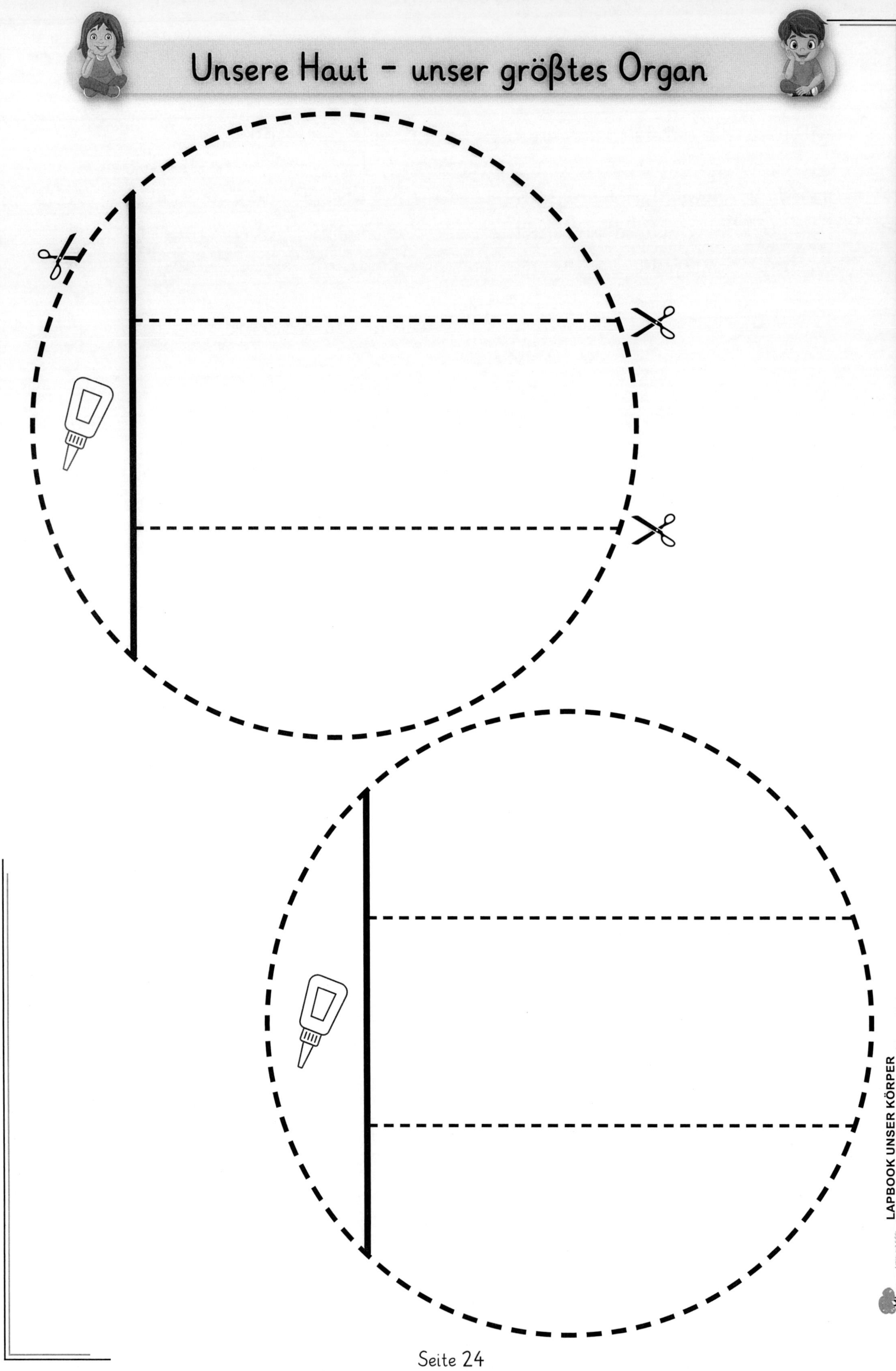

KOHL VERLAG
LAPBOOK UNSER KÖRPER
Den menschlichen Körper kreativ erarbeiten – Bestell-Nr. 12 884

Unsere Haut – unser größtes Organ

Die Haut ist ein

____

des Körpers. Sie bedeckt die

____

des Körpers. Als Hülle schützt sie uns vor Verletzungen und vor

________________________. Sie wiegt mehr als jedes andere Organ. Bei einem erwachsenen Menschen ist sie fast

____

groß.

Lösungswörter:
2 Quadratmeter
Außenseite
Bakterien
Organ

In der Haut sind kleine Farbstoffe, die

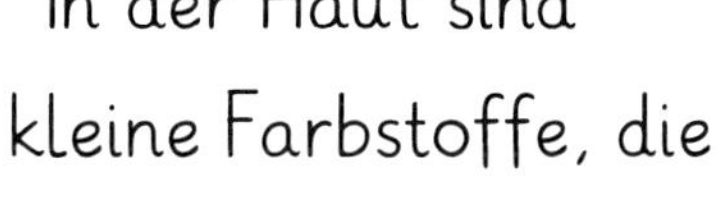

_______________________.

Menschen mit dunkler Hautfarbe haben sehr viele Pigmente. Wenn die Sonne auf die Haut scheint, stellt sie _____________ Pigmente her. Dadurch wird die Haut _____________________ und sie wird besser gegen die Sonne geschützt. Hellhäutige Menschen hingegen bekommen leicht einen

_______________________.

Lösungswörter:
Sonnenbrand
mehr
dunkler
Pigmente

KOHL VERLAG
LAPBOOK UNSER KÖRPER
Den menschlichen Körper kreativ erarbeiten – Bestell-Nr. 12 884

Unsere Lunge

Schneide das Leporello aus. Knicke es an den durchgezogenen Linien und falte es wie eine Ziehharmonika. Die Kästchen mit den Texten kannst du entweder ausschneiden und auf die Flächen kleben, oder du schreibst die Texte selbst darauf. Achte auf die richtige Reihenfolge! Hier findest du die Lösungswörter, die auf den Zeilen eingetragen werden sollen:

Lungenlappen • Luftrohren • Lungenkreislauf • Bläschen • verbrauchte • Luftröhre • Herz • Sauerstoff • Kohlendioxid • Hauptbronchien • Organ • zwei • Alveolen • Blut • Blutkreislauf

Die Lunge ist ein ______________ in der Brust. Sie versorgt den Körper mit ______________. Außerdem entfernt sie ______________ aus dem Körper, das ist der ______________ Sauerstoff.

Der Mensch besitzt wie jedes Säugetier ______________ Lungenflügel. Der rechte besteht aus drei ______________, der linke aus zwei, denn dort braucht das ______________ noch seinen Platz.

Die Lunge ist aus vielen verzweigten ______________ aufgebaut. Sie beginnen mit zwei Hauptrohren an der ______________, den Hauptbronchien.

Die ______________ verzweigen sich in immer kleiner werdende Rohre. Sie enden in kleinen Bläschen, den ______________. An den Wänden dieser Luftbläschen liegen winzige Adern.

Über diese Adern nimmt das ______________ Sauerstoff aus der Atemluft auf. Umgekehrt gibt der Körper so Kohlendioxid aus dem Blut an die ______________ ab, das dann ausgeatmet werden kann.

Die Adern der Lunge sind über einen eigenen ______________ mit dem Herz verbunden. Man nennt ihn den „kleinen Kreislauf" oder „______________ ______________".

Unsere Lunge

Die Lunge

Hier an das Lapbook ankleben.

KOHL VERLAG
LAPBOOK UNSER KÖRPER
Den menschlichen Körper kreativ erarbeiten – Bestell-Nr. 12 884

Die Nieren – unsere Reinigungszentrale

Schneide die Formen aus. Falte die Wolken an den durchgezogenen Linien und klebe jeweils die Klebeflächen übereinander. Das Deckblatt „Die Nieren" kommt oben drauf. Zum Schluss klebst du das Büchlein an dessen letzter Rückseite in dein Lapbook. Hier findest du die Lösungswörter, die du auf die Zeilen schreiben sollst:

Blut • gelbe • Giftstoffe • Wirbelsäule • zwei • giftig • transplantiert • Wasser • Urin • eine • Harnleiter • Harnblase • Dialyse • Operation

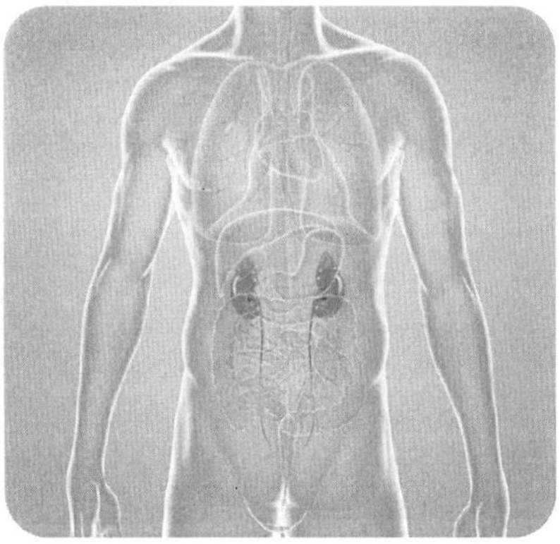

Die Nieren

Die Nieren sind wichtige Organe eines Menschen. Sie liegen im Bauch, ganz hinten nahe der ____________________. Normalerweise hat jeder Mensch __________ Nieren.

Die Nieren – unsere Reinigungszentrale

Die Nieren filtern das ________________. Zuerst holen sie das überschüssige ________________ heraus. Dabei entsteht ________________. Wenn das Blut durch eine Niere hindurchfließt, reinigt sie es auch. Was der Körper nicht mehr braucht oder was ________________ ist, wird herausgefiltert.

Die gefilterten Giftstoffe geben dem Urin die ________________ Farbe. Der Urin fließt durch die ________________, das sind dünne „Schläuche", und von dort in die Harnblase. Die ________________ ist eine Art Warteraum, damit wir nicht immer auf das WC rennen müssen.

Die Nieren – unsere Reinigungszentrale

Wenn die Nieren nicht mehr richtig arbeiten, stauen sich im Körper die ____________________. Ein Arzt verschreibt dann oft ein Medikament. Es gibt Geräte, die anstelle der Nieren die Giftstoffe aus dem Blut filtern, das nennt man ____.

Manchmal ist eine ____________________________ nötig. Heutzutage kann man einem Menschen die Niere eines anderen Menschen geben, man „________________________________" sie. Man kann auch leben, wenn man nur ________________ Niere hat.

LAPBOOK UNSER KÖRPER
Den menschlichen Körper kreativ erarbeiten – Bestell-Nr. 12 884
KOHL VERLAG

Die Leber

Schneide das Leporello an der gestrichelten Linie aus. Knicke es an den durchgezogenen Linien und falte es wie eine Ziehharmonika. Die Kästchen mit den Texten kannst du entweder ausschneiden und auf die Flächen kleben, oder du schreibst die Texte selbst darauf. Achte auf die Reihenfolge! Hier findest du die Lösungswörter, die auf den Zeilen eingetragen werden sollen:

gereinigt • Zwerchfell • Organ • Zucker • Verdauung • Gallenblase • Leberarterie • Gallenflüssigkeit • Nährstoffe • 1,5 bis 2kg • dunkelrot • Fabrik • Pfortader • herausgezogen • Nährstoffe

Die Leber ist das zweitgrößte

____

des Menschen. Beim Erwachsenen wiegt sie etwa

______________.

Sie liegt im oberen Teil des Bauchs unter dem

__________________.

Ihre Farbe ist

__________________,

weil die Leber sehr gut mit Blut versorgt wird. Die Leber macht viele Dinge gleichzeitig, und ohne sie könnten wir nicht überleben. In ihr sind

____

gespeichert, sie hilft bei der

____

und beseitigt die Gifte und Abfallstoffe, die im Blut sind.

Die Leber sorgt auch dafür, dass unser Blut aus den richtigen Teilen zusammengesetzt ist. Man kann sich die Leber als eine Art

____

vorstellen, in der viele wichtige Stoffe hergestellt werden.

Eine dicke Ader, die

______________,

bringt Blut mit vielen Nährstoffen aus dem Darm heran. Eine andere Ader, die

__________________,

liefert Blut mit viel Sauerstoff aus dem Herzen. Diese beiden Blutströme vermischen sich in der Leber. Dort wird das Blut

__________________.

KOHL VERLAG LAPBOOK UNSER KÖRPER Den menschlichen Körper kreativ erarbeiten – Bestell-Nr. 12 884

Die Leber

Einige Stoffe werden aus dem Blut ______________________, andere werden hinzugefügt. Ohne die Leber würden die Zellen des Körpers nach jeder Mahlzeit mit Unmengen von ______________________ und anderen Nährstoffen überschwemmt.

Manchmal werden dringend ______________ gebraucht, wenn gerade nichts vom Darm geliefert wird. Dann gibt die Leber aus ihrem Vorrat Nährstoffe ab. In der Leber wird auch ______________________ hergestellt. Sie wird gebraucht, um Fett zu verdauen und wird in der ______________________ gesammelt.

Die Leber

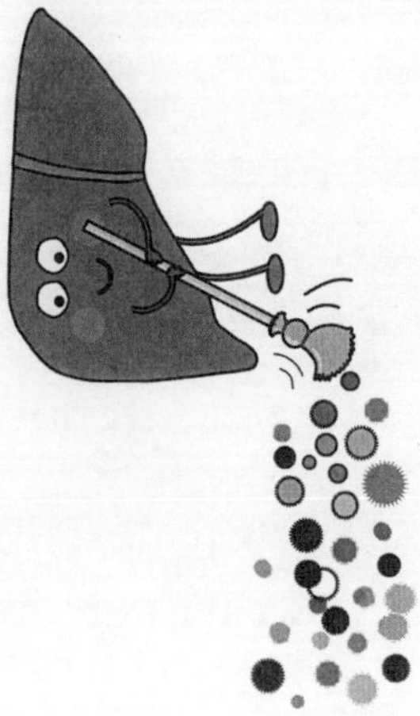

Hier an das Lapbook ankleben.

KOHL VERLAG LAPBOOK UNSER KÖRPER Den menschlichen Körper kreativ erarbeiten – Bestell-Nr. 12 884

Unsere Zähne

Schneide das große Rechteck an der Außenkante aus. Schneide das Kästchen an den gestrichelten Linien ein. Knicke die dadurch entstandenen Streifen AUF die Seite mit der Zahngrafik. Auf die Außenseiten schreibst du nun die richtigen Begriffe – diese Lösungswörter werden dir helfen:

Zahnfleisch • Knochen • Zahnschmelz • Zahnzement • Zahnfach • Wurzelhaut • Zahnbein • Nerven und Blutgefäße

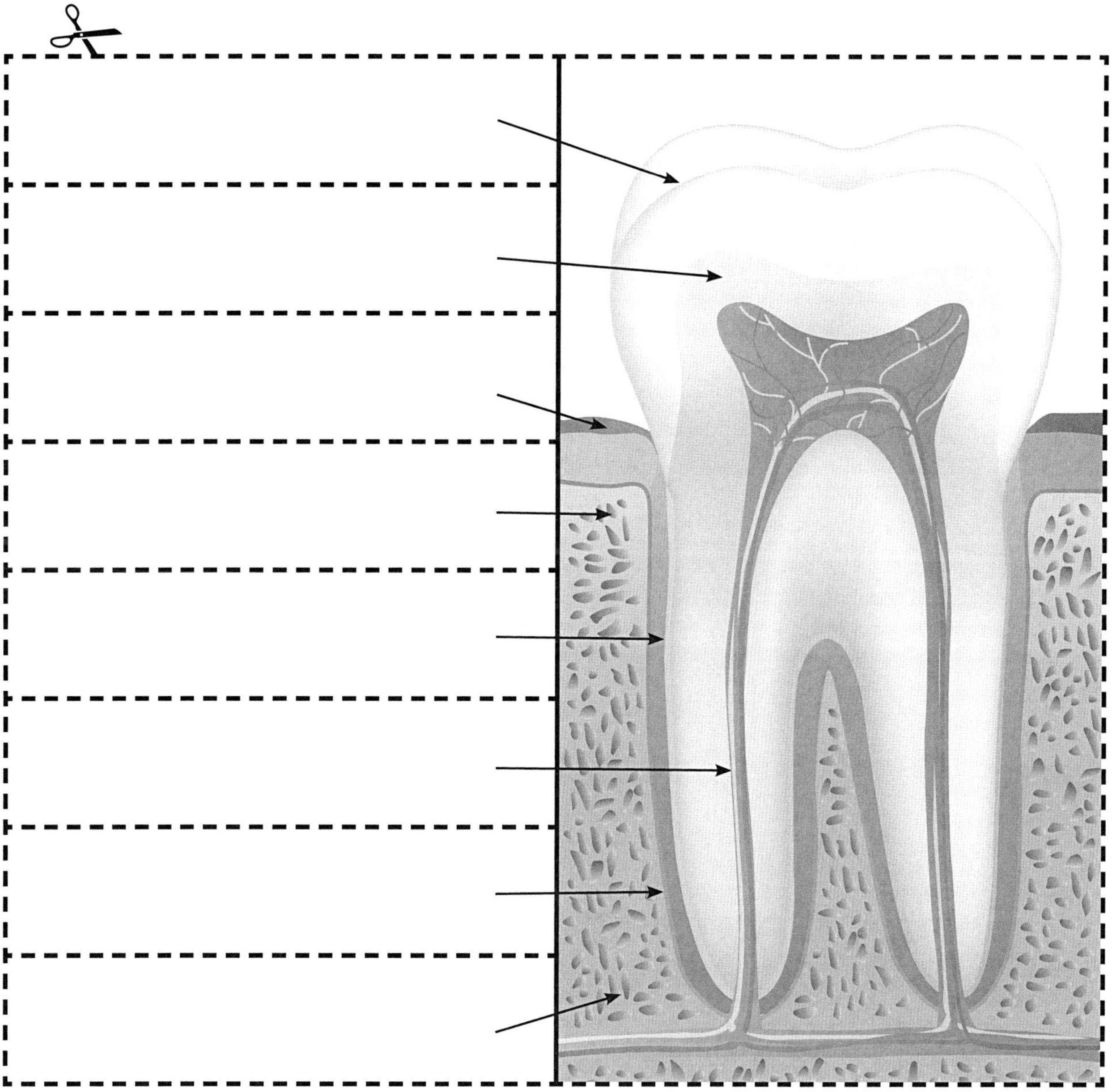

KOHL VERLAG
LAPBOOK UNSER KÖRPER
Den menschlichen Körper kreativ erarbeiten – Bestell-Nr. 12 884

Unsere Zähne

Schneide die Form auf der nächsten Seite an der gestrichelten Linie aus. Falte die Bögen an den durchgezogenen Linien. Die Kästchen mit den Texten auf dieser Seite kannst du entweder ausschneiden und auf die Bögen kleben, oder du schreibst die Texte selbst darauf. Die farbigen Felder gehören auf die Außenseiten, die weißen auf die Innenseiten. Du musst darauf achten, dass du die Texte in den weißen Feldern den richtigen farbigen Feldern zuordnest. Hier findest du die Lösungswörter, die du auf die Zeilen in den weißen Kästchen eintragen sollst:

hat 20 Zähne • hat 32 Zähne • schneiden das Essen ab • mahlen • halten fest und zerreißen • haben verschiedene Aufgaben

Unsere Zähne	Milchgebiss	Erwachsenengebiss
__________ __________ __________	__________ __________ __________	__________ __________ __________
Schneidezähne	**Eckzähne**	**Backenzähne**
__________ __________ __________	__________ __________ __________	__________ __________ __________

KOHL VERLAG
LAPBOOK UNSER KÖRPER
Den menschlichen Körper kreativ erarbeiten – Bestell-Nr. 12 884

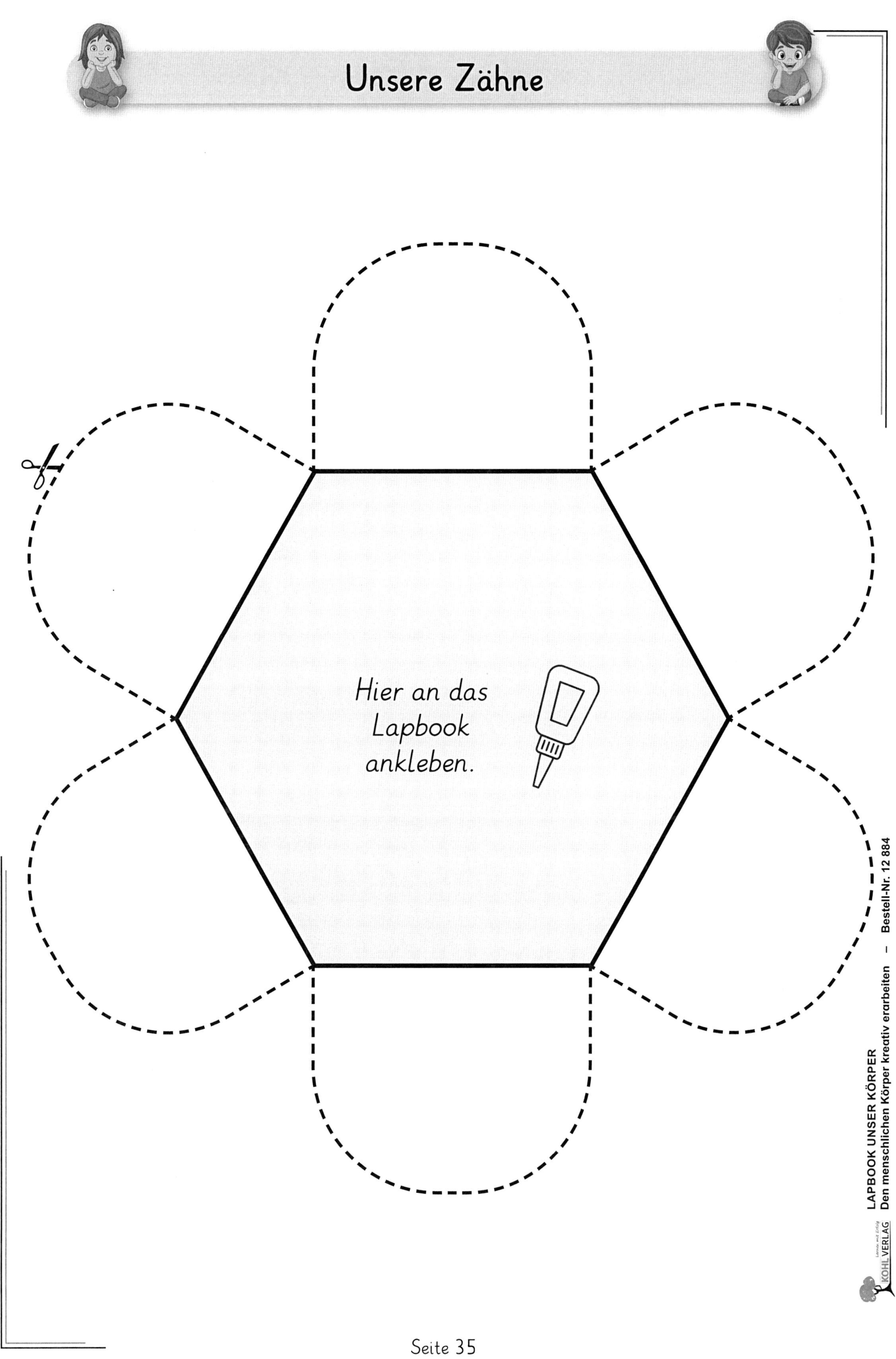
Hier an das
Lapbook
ankleben.

Unsere Zähne

Diesen Text musst du vervollständigen. Die entsprechenden Lösungswörter findest du hier:

8 • 8 • 4 • 4 • 8 • 8 • 8

Wenn du fertig bist, schneide das Sechseck aus und klebe es in die Zahn-Blume.

Ein **Milchgebiss** hat
______ Schneidezähne,
______ Eckzähne und
______ Backenzähne.

Ein **Erwachsenengebiss** hat
______ Schneidezähne,
______ Eckzähne,
______ Backenzähne und
______ Weißheitszähne.

Zahn-Redewendungen

Schneide die Formen an der gestrichelten Linie aus und schneide die waagrechten gestrichelten Linien bis zur durchgezogenen Linie ein. Falte sie an den durchgezogenen Linien und klebe jeweils die Klebeflächen übereinander. Das Deckblatt „Zahn-Redewendungen" kommt oben drauf. Klebe auch die Textfelder an die richtigen Stellen. Zum Schluss klebst du das Büchlein an dessen letzter Rückseite in dein Lapbook.

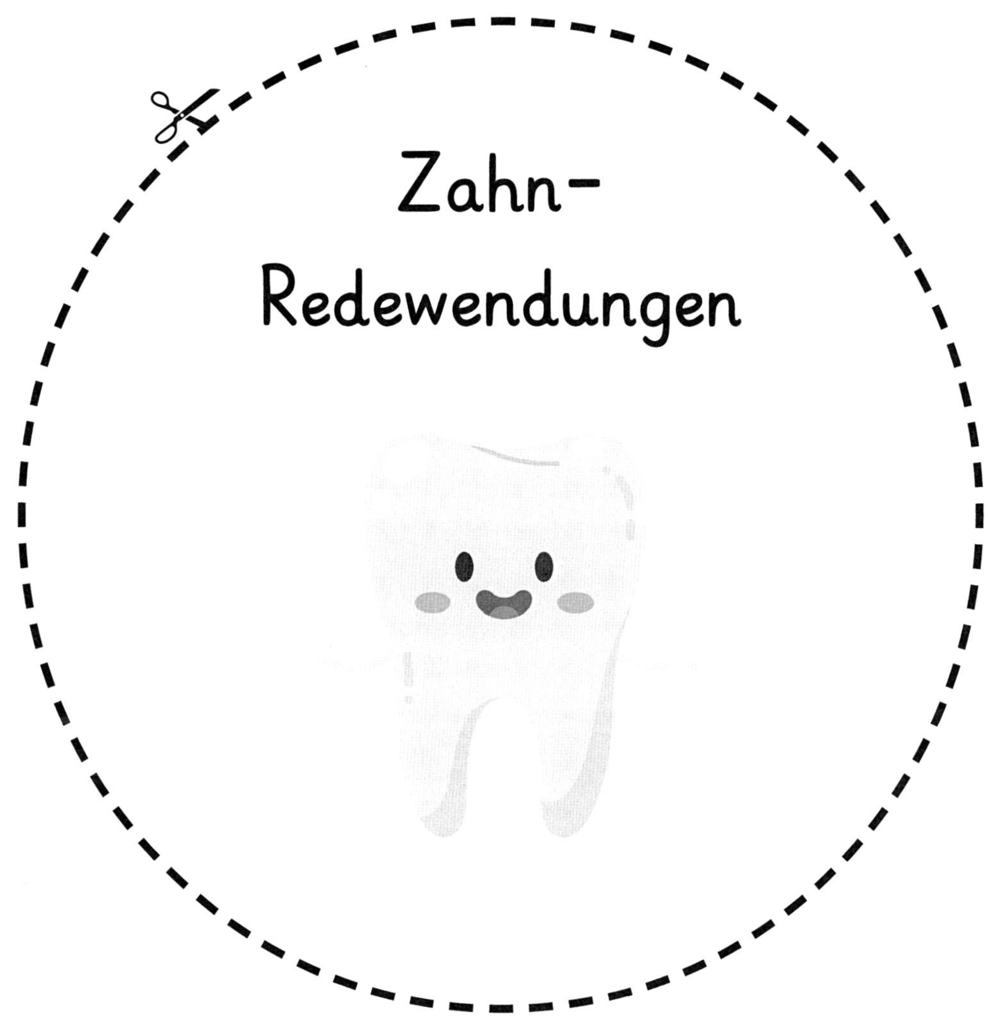

KOHL VERLAG LAPBOOK UNSER KÖRPER
Den menschlichen Körper kreativ erarbeiten – Bestell-Nr. 12 884

Zahn-Redewendungen

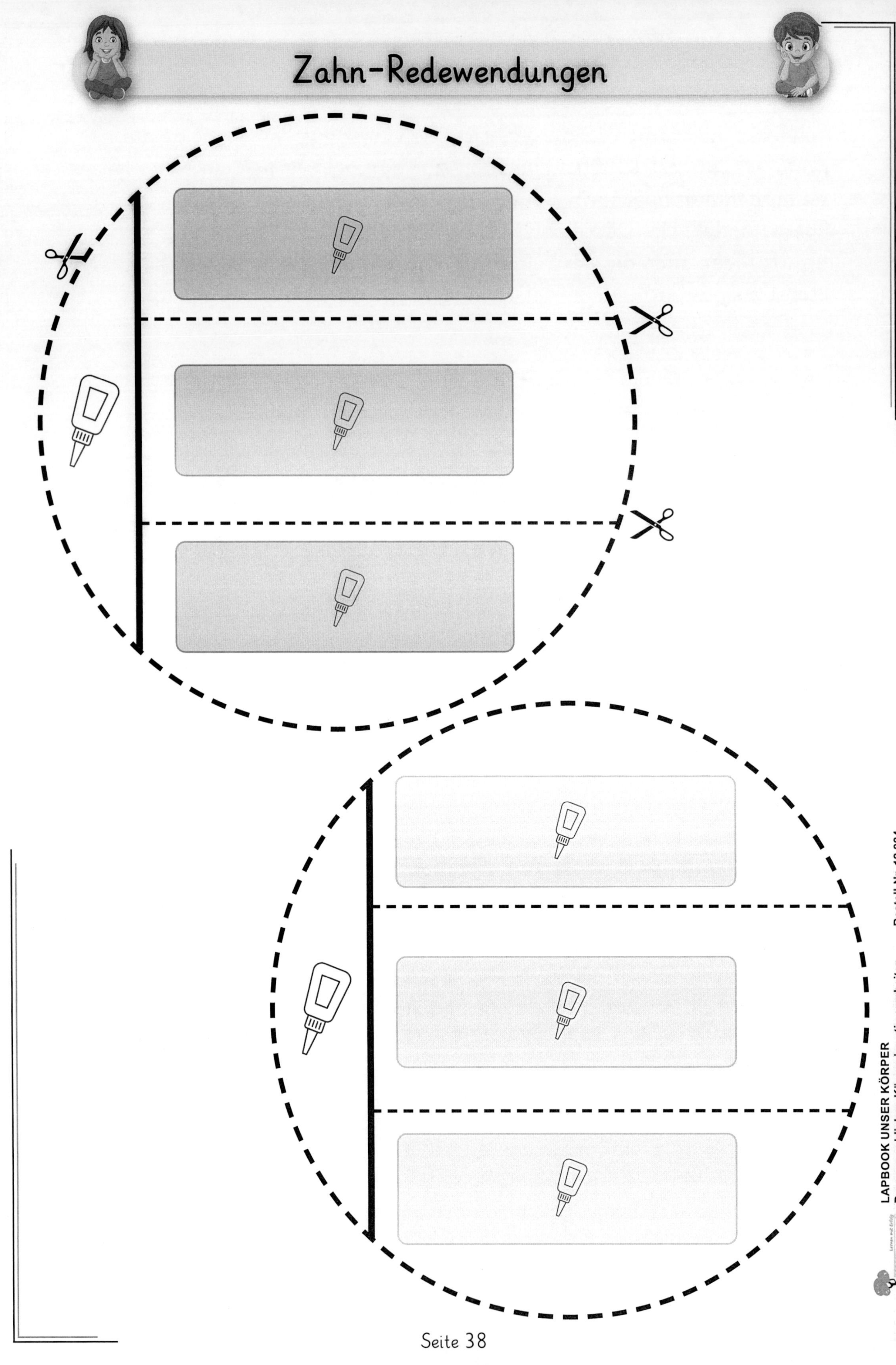

LAPBOOK UNSER KÖRPER
Den menschlichen Körper kreativ erarbeiten – Bestell-Nr. 12 884
KOHL VERLAG

Zahn-Redewendungen

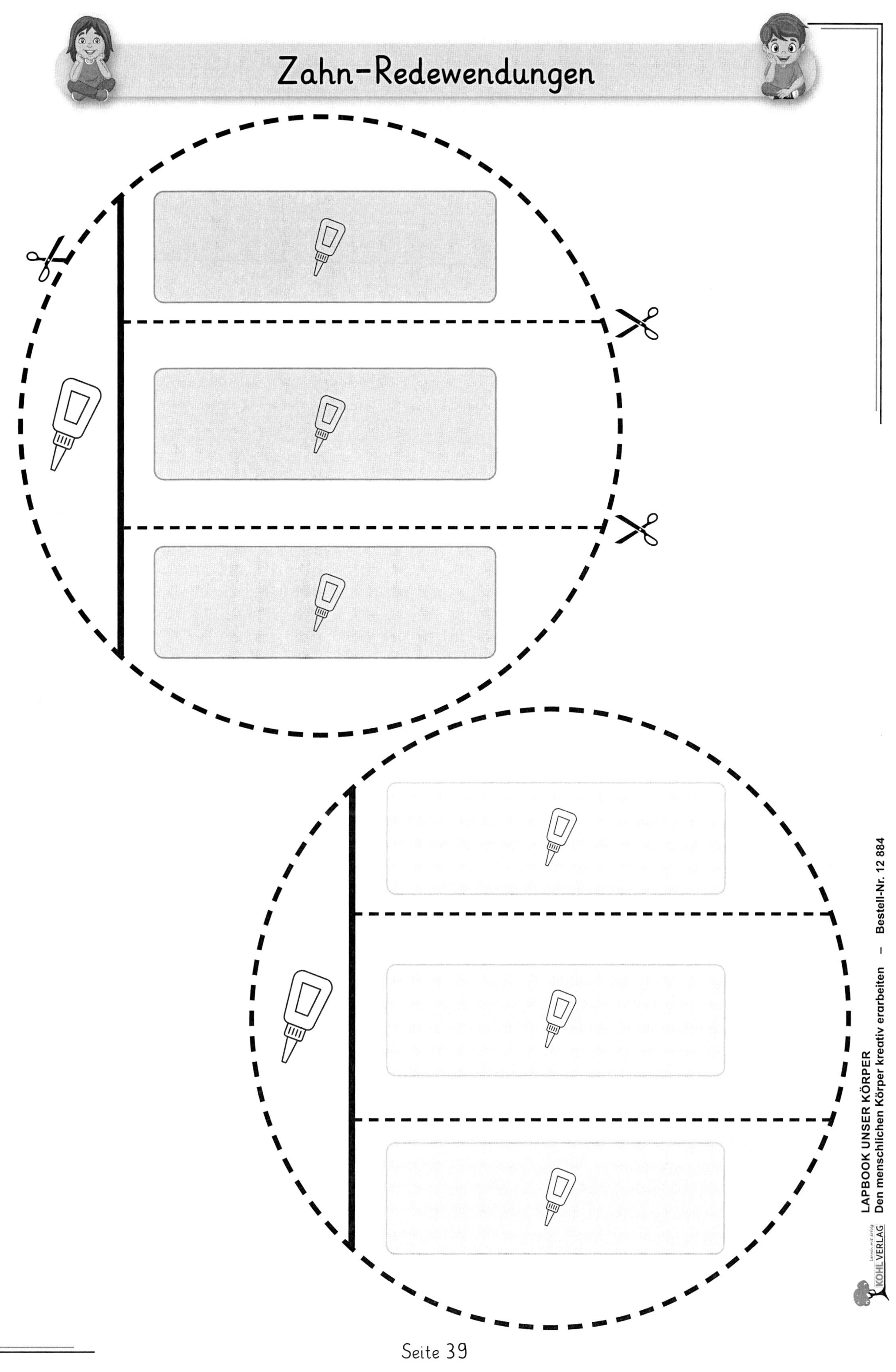

Zahn-Redewendungen

„Jemandem die Zähne zeigen"

Man will jemanden genau prüfen.

„Jemandem auf den Zahn fühlen"

Jemand muss eine schwierige Situation tapfer durchstehen.

„Die Zähne zusammenbeißen"

Jemand droht und zeigt die Absicht sich zu wehren.

„Sich die Zähne an etwas ausbeißen"

Jemand hält etwas nur widerwillig aus.

„Etwas zähneknirschend ertragen"

Man zerstört jemandem einen Wunschtraum.

„Diesen Zahn hat man ihm gezogen"

Jemand hat etwas trotz großer Anstrengung nicht geschafft.

Die Nase – unser Geruchssinn

Schneide die Formen an der gestrichelten Linie aus. Falte die Elipsen an den durchgezogenen Linien und klebe jeweils die Klebeflächen übereinander. Das Deckblatt „Die Nase" kommt oben drauf. Zum Schluss klebst du das Büchlein an dessen letzter Rückseite in dein Lapbook. Hier findest du die Lösungswörter, die du auf die Zeilen in den Elipsen eintragen sollst:

abgeschwächt • angenehm • Appetit • Aromen • 30 Tagen • Düfte • erwärmt • essen • Fremdkörper • Gase • Geruch • Geruchssinn • Geruchsstoffe • Gerüche • Gestank • Kieferhöhlen • Luftröhre • Nasenflügel • Nasenflügel • Nasenhöhlen • Nasenlöcher • Nasenscheidewand • Rauch • Riechhärchen • Riechnerven • Riechschleimhaut • Riechzellen • Schmutz • schnüffeln • Stirnhöhlen • Stunden • unangenehm • 4000 bis 10.000

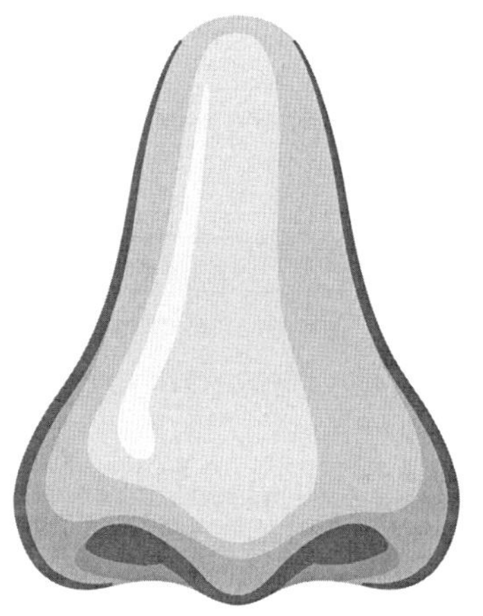

Die Nase

In der Nase sitzt unser ____________________. Mit unserer Nase riechen wir ____________________, ____________________, ____________________ und ____________________. Manche davon empfinden wir als ____________________, manche aber als ____________________.

KOHL VERLAG
LAPBOOK UNSER KÖRPER
Den menschlichen Körper kreativ erarbeiten – Bestell-Nr. 12 884

Die Nase – unser Geruchssinn

Die Nase kontrolliert alle Gerüche in der Luft und unterscheidet sofort, ob etwas gut riecht oder stinkt. Wenn sie ______________ riecht, warnt sie uns vor Feuer. Wenn sie etwas Verdorbenes riecht, warnt sie uns davor, es zu ______________. Wenn sie etwas Essbares riecht, regt sie unseren ____________________ an. Wenn sie frische Blumen riecht, macht sie uns froh.

Die Nase hat noch eine zweite wichtige Aufgabe: Sie __________________________ die Luft, die wir einatmen und reinigt sie, bevor sie durch die ____________________________ zur Lunge gelangt.

Gerüche sind ______________________ in der Luft, die sich mit ihr verbinden und die wir beim Atmen in unsere Nase aufnehmen. Wenn wir einen Duft nur schwach wahrnehmen, ____________________ wir, damit mehr Geruchstoffe in unsere Nase kommen können. Der Mensch kann zwischen ______________________________ verschiedene Gerüche unterscheiden.

KOHL VERLAG LAPBOOK UNSER KÖRPER
Den menschlichen Körper kreativ erarbeiten – Bestell-Nr. 12 884

Die Nase – unser Geruchssinn

Wenn du eine Nase von außen anschaust, gibt es ganz verschiedene Formen und Größen. Aber alle Nasen haben zwei ______________________, zwei ____________________ und eine ______________________________. Der äußere Teil der Nase besteht aus Knochen und Knorpeln.

Innen hat die Nase Haare, die dazu dienen, __________________ und ________________________ aus der Luft zu filtern und wieder auszuatmen. Die Nase besteht aus verschiedenen Nebenhöhlen, nämlich den ____________________________, ________________________ und den ______________________________.

Die Nase hat eine ganz feine Haut, die __________________. Auf dieser Haut sind über zehn Millionen __________________ mit feinen __________________ verteilt. Diese Härchen sammeln die ____________________ und leiten sie über ______________________ zum Gehirn weiter. Jetzt empfinden wir die eingeatmete Luft als ____________________.

LAPBOOK UNSER KÖRPER
Den menschlichen Körper kreativ erarbeiten – Bestell-Nr. 12 884
KOHL VERLAG

Die Nase – unser Geruchssinn

Wenn wir längere Zeit den gleichen Geruch einatmen, gewöhnen wir uns daran und nehmen ihn nur noch ______________________ wahr. Riechzellen sterben nach etwa ____________________ ab und es entstehen neue.

Wir atmen und riechen immer nur mit einem ________________________________, einmal mit dem rechten, einmal mit dem linken, je nachdem, welcher gerade „Dienst hat". So alle drei bis vier ________________________ wechseln sich die beiden ab: Ein Nasenflügel arbeitet, der andere ruht sich aus.

KOHL VERLAG
LAPBOOK UNSER KÖRPER
Den menschlichen Körper kreativ erarbeiten – Bestell-Nr. 12 884

Unsere Augen – der Gesichts- oder Sehsinn

Schneide die Formen an der gestrichelten Linie aus. Falte die Elipsen an den durchgezogenen Linien und klebe jeweils die Klebeflächen übereinander. Das Deckblatt „Die Augen" kommt oben drauf. Zum Schluss klebst du das Büchlein an dessen letzter Rückseite in dein Lapbook. Hier findest du die Lösungswörter, die du auf die Zeilen in den Elipsen eintragen sollst:

Augenbrauen • Augenfarbe • Augenlid • aus • Bild • blind •
Brille • Ferne • Gegenstand • Gehirn • Hornhaut • Hornhaut •
Nähe • Pupille • Regenbogenhaut • sehen • Sinnesorgan •
Tränenflüssigkeit • Wimpern • zusammen

Die Augen

Das Auge ist für uns Menschen ein sehr wichtiges ____________________. Wir können damit Farben, Formen, Dimensionen, Bewegungen und die Lage von Dingen ____________________.

KOHL VERLAG
LAPBOOK UNSER KÖRPER
Den menschlichen Körper kreativ erarbeiten – Bestell-Nr. 12 884

Unsere Augen – der Gesichts- oder Sehsinn

Das ______________ schützt das Auge vor verschiedenen Gefahren. Durch jeden Lidschlag sorgt es dafür, dass die __________________________ gleichmäßig verteilt ist und das Auge feucht bleibt. Dabei reinigt es die ____________________ und benetzt sie, damit diese sauber bleibt. Die ____________ schützen das Auge vor Fremdkörpern, die __________________ schützen das Auge vor Schweiß.

Wenn wir sagen, unsere ____________________________ sei Blau, Grün oder Braun, meinen wir damit den kreisförmigen Teil des Auges, den man Iris oder ______________________________ nennt. In der Mitte der Iris befindet sich die Pupille, durch die das Licht ins Auge einfallen kann.

Die ________________________ ist nicht immer gleich groß; je nach Lichtmenge, die einfällt, dehnt sie sich __________ oder zieht sich ________________. So passt sich das Auge schnell an, wenn wir von einem dunklen Raum in ein helles Licht kommen. Vor der Pupille liegt die dünne, durchsichtige ______________________.

KOHL VERLAG LAPBOOK UNSER KÖRPER Den menschlichen Körper kreativ erarbeiten – Bestell-Nr. 12 884

Unsere Augen – der Gesichts- oder Sehsinn

Da die Lichtstrahlen von einem __________________ in einer geraden Linie auf das Auge treffen, entsteht im Innern ein umgekehrtes und verkleinertes ______________ vom Gegenstand. Das gesehene Bild „steht Kopf". Danach muss das ________________ das Bild so umwandeln, damit es uns korrekt erscheint und wir es richtig wahrnehmen können.

Viele Menschen benötigen eine __________________, weil sie schlecht sehen können. Kurzsichtige Menschen können Dinge, die in der __________________ sind besser sehen, weitsichtige Menschen können Dinge, die in der __________________ sind, besser sehen. Wenn ein Mensch überhaupt nichts sehen kann, ist er __________________.

„Krokodilstränen vergießen" ist eine Redensart, die man verwendet, wenn jemand weint, um Trauer oder Schmerz vorzuheucheln, die er gar nicht wirklich empfindet. Man weiß nicht genau, woher der Ausdruck kommt, es ist aber so, dass Krokodile beim Fressen ihr Maul sehr weit öffnen, wobei Druck auf einer Drüse hinter dem Augenlid entsteht. Diese Drüse sondert dann einen weißlichen Schaum ab.

KOHL VERLAG LAPBOOK UNSER KÖRPER Den menschlichen Körper kreativ erarbeiten – Bestell-Nr. 12 884

Unsere Ohren

Schneide das Leporello an der gestrichelten Linie aus. Knicke es an den durchgezogenen Linien und falte es wie eine Ziehharmonika. Die Kästchen mit den Texten kannst du entweder ausschneiden und auf die Flächen kleben, oder du schreibst die Texte selbst darauf. Achte auf die Reihenfolge! Hier findest du die Lösungswörter, die auf den Zeilen eingetragen werden sollen:

Gefahren • Gehirn • Gehör • Gehörknöchelchen • Gleichgewicht • gleichzeitig • hört • Inneren • Mittelohr • Ohren • Ohrmuscheln • orientieren • Richtung • Schallwellen • Schnecke • Sinneszellen • Trommelfell • 400.000 • zwei

Um zu hören brauchen wir unsere ________________. Mit den Ohren hören wir Geräusche – Klänge – Töne – Lärm. Unsere Augen können wir schließen, wenn wir nichts sehen wollen; unser ________________ können wir nicht abstellen. Wir hören immer – auch wenn wir ein Geräusch als unangenehm empfinden.

Die ________________ werden in der Ohrmuschel gesammelt und über den Gehörgang ins ________________ weiter geleitet. Dort treffen sie auf das ________________. Die Schwingungen auf dem Trommelfell gehen über die ________________ Hammer, Amboss und Steigbügel weiter zur ________________.

Der Mensch besitzt wie jedes Säugetier ____________ Ohren. Das Ohr besteht aber aus mehr als nur den sichtbaren ________________. Alle wichtigen Hörvorgänge geschehen im ________________. Ein gesundes Ohr kann bis zu ________________ verschiedene Töne unterscheiden.

In der Schnecke ist das wirkliche Gehör, denn darin befinden sich ________________, die die Nachricht über den Hörnerv an das ________________ weiter leiten. In den Bogengängen im Innenohr befindet sich noch ein Organ, das für unser ________________ verantwortlich ist.

KOHL VERLAG LAPBOOK UNSER KÖRPER Den menschlichen Körper kreativ erarbeiten – Bestell-Nr. 12 884

Unsere Ohren

Das Gehör ist sehr wichtig, um mit der Umwelt einen direkten Kontakt herzustellen. Wer nicht gut

_______________,

hat große Mühe, sich mit anderen Menschen zu unterhalten. Das Gehör kann uns auch vor

____

warnen, z. B. im Straßenverkehr.

Wir brauchen zwei Ohren, um uns

____

zu können. Die Schallwellen in beiden Ohren kommen nicht

____

bei den Gehörsinneszellen an. Durch sehr schnelles Berechnen der Zeitunterschiede kann das Gehirn die

____

des Schalles festlegen.

Die Ohren

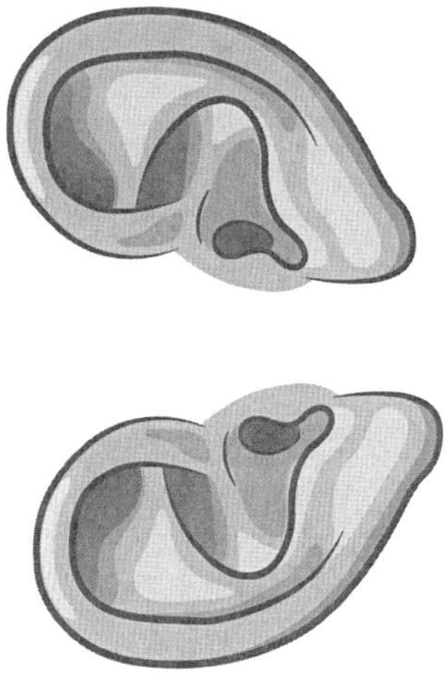

Hier an das Lapbook ankleben.

LAPBOOK UNSER KÖRPER
Den menschlichen Körper kreativ erarbeiten – Bestell-Nr. 12 884
KOHL VERLAG

Die Zunge – unser Geschmackssinn

Schneide die Formen aus. Falte die Wolken an den durchgezogenen Linien und klebe jeweils die Klebeflächen übereinander. Das Deckblatt „Die Zunge" kommt oben drauf. Zum Schluss klebst du das Büchlein an dessen letzter Rückseite in dein Lapbook. Hier findest du die Lösungswörter, die du auf die Zeilen schreiben sollst:

Aromastoffe • bitter • erkältet • flüssig • Gehirn • Geruchssinn • Geschmack • Geschmacksknospen • Geschmacksorgan • Klumpen • Mund • 9000 • rau • salzig • sauer • Schmecken • Speichel • süß • trocken • zerkauen • Zunge • Zunge

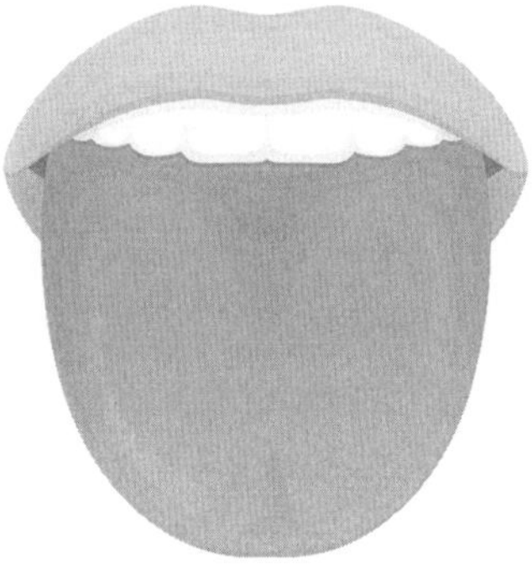

Die Zunge

Um zu wissen, wie etwas schmeckt, brauche ich die ________________. Durch den ______________ nehme ich die Nahrung ein und dank der Zunge erkenne ich den ________________. Die Zunge ist das ______________________________.

KOHL VERLAG
LAPBOOK UNSER KÖRPER
Den menschlichen Körper kreativ erarbeiten – Bestell-Nr. 12 884

Die Zunge – unser Geschmackssinn

Außer den vier Geschmackrichtungen __________, _______________, ______________ und ____________ gibt es noch die Geschmacksart umami, die z. B. das Aroma von Fleisch oder Gebratenem beschreibt. Zudem gibt es Empfindungen wie scharf, herb, aromatisch, fruchtig und noch mehr.

Im Spiegel erkennst du, dass die Oberfläche der Zunge sehr ____________ ist. Du kannst ganz viele kleine Zäpfchen sehen: die ____________________. Die etwa ______________________ Geschmacksknospen sind mit dem Nervensystem verbunden, das direkt zum __________ führt. So weißt du, welchen Geschmack du gerade im Mund hast und wie intensiv er ist.

Damit die Geschmackssinneszellen die Stoffe erkennen können, müssen diese ________________ sein. Feste Speisen werden deshalb gleich mit ______________ eingeweicht, damit du sie auch besser schlucken kannst. Wenn dein Mund ________________ ist, kannst du nichts schmecken. Erst durch den Speichel gelangen die _________________ der Nahrung zu den Geschmacksknospen.

KOHL VERLAG LAPBOOK UNSER KÖRPER Den menschlichen Körper kreativ erarbeiten – Bestell-Nr. 12 884

Die Zunge – unser Geschmackssinn

Auch der ______________________ ist für die Erkennung des Geschmackes notwendig. Das merkst du am besten, wenn du __________________ bist und deine Nase nichts riechen kann. Dann schmeckt nämlich auch das Essen langweilig und fad, weil du eben das Aroma nicht erkennst.

Die Zunge ist also nicht nur für das ____________________ zuständig, sondern auch für das Kauen, das Schlucken und natürlich für das Sprechen. Beim Essen führt die ____________________________ die Nahrung zu den Zähnen, die sie ______________________ und so zerkleinern. Danach formt die Zunge die Nahrung zu kleinen ____________________________ und schickt sie in den Rachen, wo du sie hinunter schluckst.

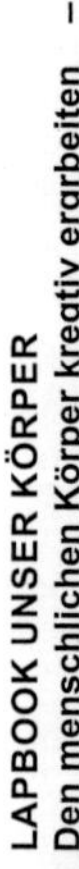

LAPBOOK UNSER KÖRPER
Den menschlichen Körper kreativ erarbeiten – Bestell-Nr. 12 884
KOHL VERLAG

Formvorlagen

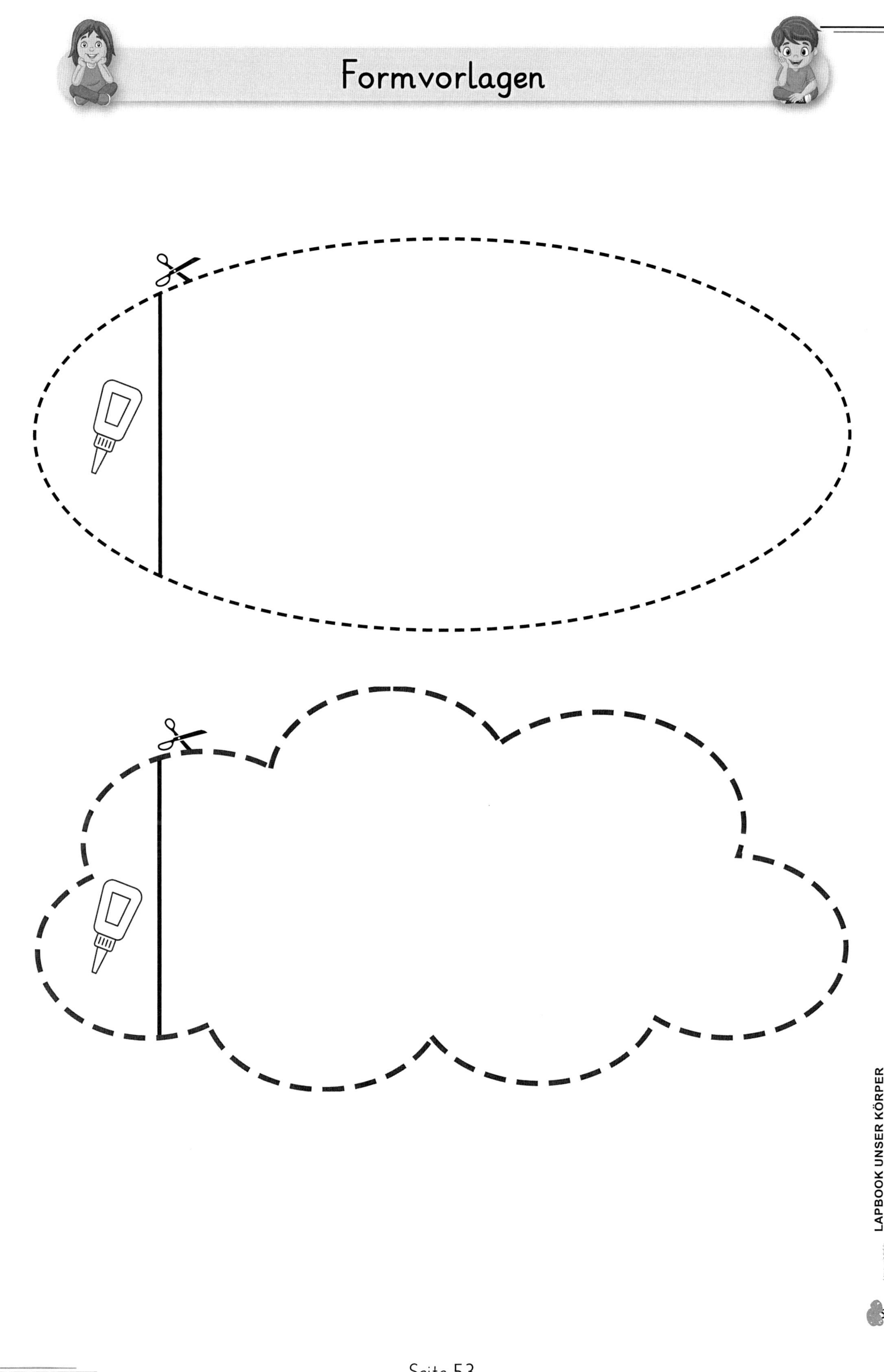

LAPBOOK UNSER KÖRPER
Den menschlichen Körper kreativ erarbeiten – Bestell-Nr. 12 884
KOHL VERLAG

Formvorlagen

Hier an das Lapbook ankleben.

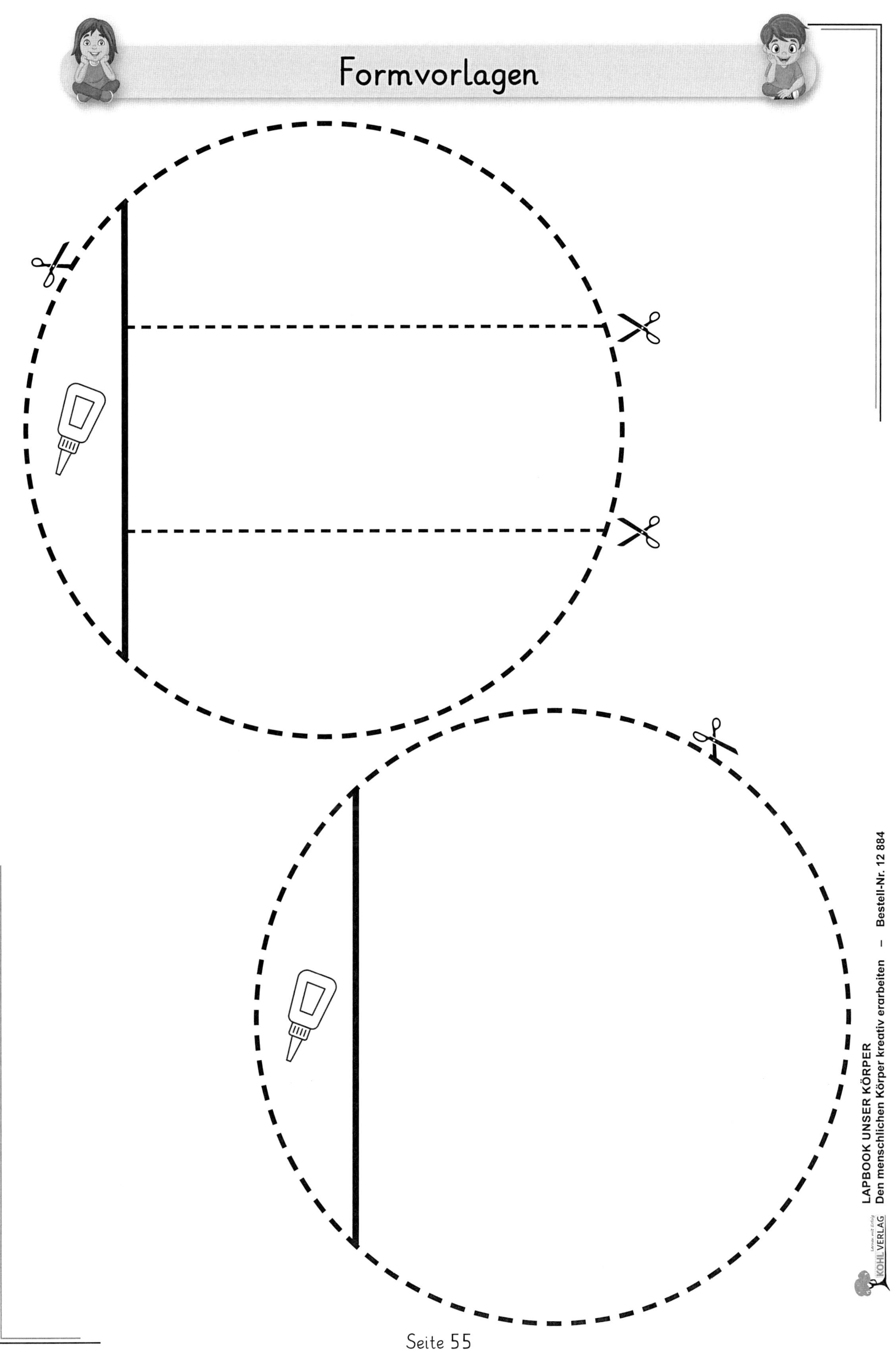

LAPBOOK UNSER KÖRPER
Den menschlichen Körper kreativ erarbeiten – Bestell-Nr. 12 884
KOHL VERLAG

Formvorlagen

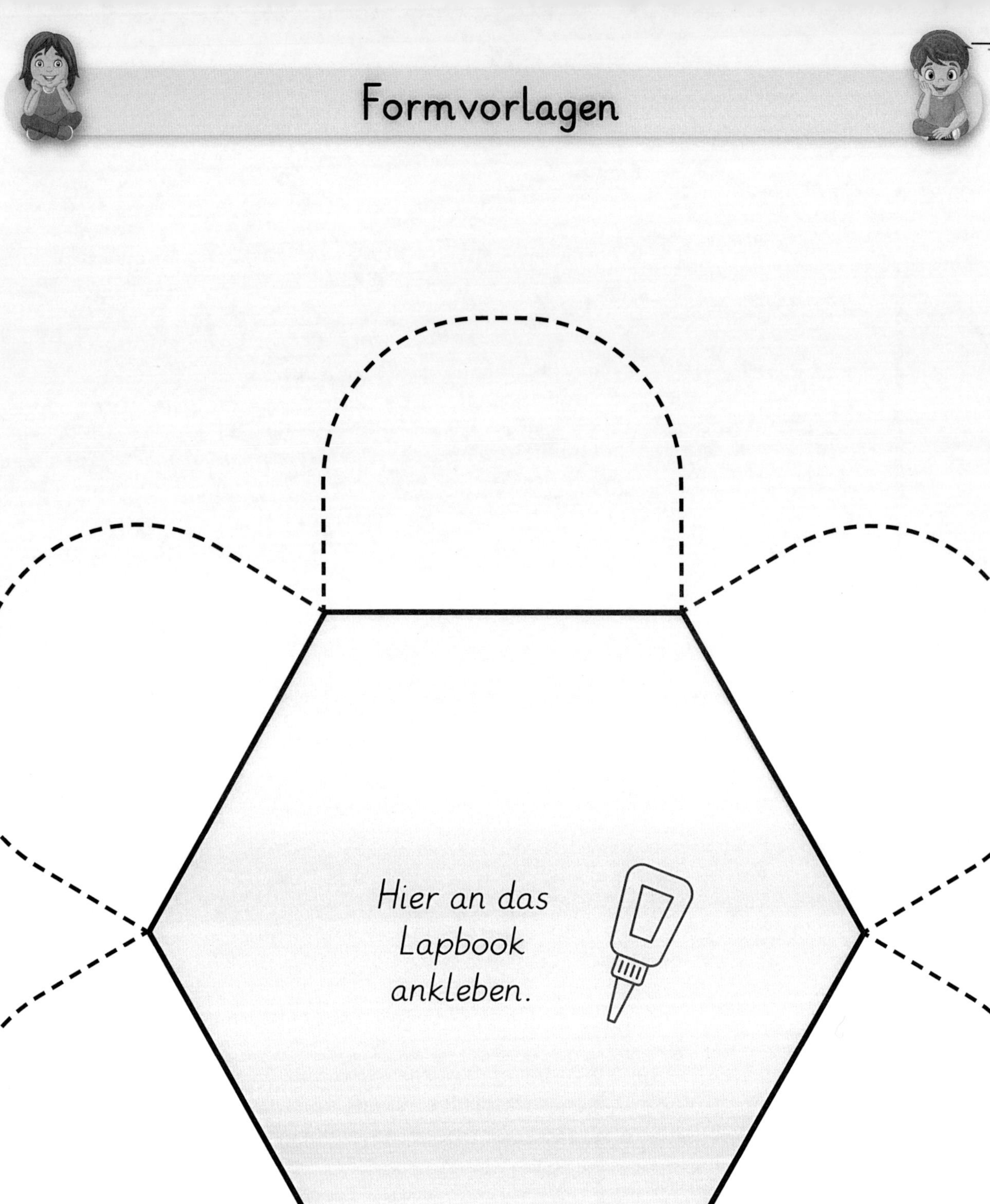

Lösungen

S. 8 Unser Herz

- Unser Herz ist ein kräftiger Muskel, der das **Blut** durch unseren Körper pumpt. Es ist etwa so groß wie eine Faust.
- Man kann spüren, wie das Herz in der Brust das Blut durch den **Körper** pumpt. Es schlägt immer – auch, wenn man schläft.
- Mit einem Stethoskop kann ein Arzt unseren **Herzschlag** hören. So kann er erkennen, ob das Herz gesund ist.
- Unser Herz schlägt etwa 70 bis 120-mal in der **Minute**. Wenn wir uns anstrengen, nimmt unser Herzschlag zu.
- Stethospkop: 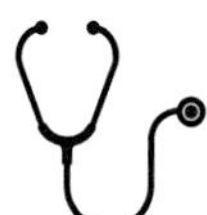

S. 10 Unsere 5 Sinne – erarbeite die Sinneblume

- Unsere 5 Sinne: Der Mensch hat 5 Sinne.
- Sehsinn (Gesichtssinn): Augen
- Hörsinn: Ohren
- Tastsinn: Haut
- Geruchssinn: Nase
- Geschmackssinn: Zunge

- Mit den Augen **sieht** man, was um uns herum passiert. Mit den Ohren kann man vielerlei Geräusche **hören**. Mit der Haut **fühlt** man Dinge, auch **Temperaturen** nimmt man wahr. Die Zunge **schmeckt** Dinge, die du in den Mund nimmst, und während du mit der Nase atmest, kannst du **riechen**.

S. 12 Das Skelett

- Unser Knochengerüst wird **Skelett** genannt. Es gibt dem Körper die notwendige **Stabilität**, da wir sonst wie ein Fleischsack herumliegen würden. Die einzelnen Teile des Skeletts nennt man **Knochen**.
- Das Skelett eines erwachsenen Menschen besteht aus ca. **206** Knochen, das eines Babys aus etwa **350**. Das liegt daran, dass viele Knochen eines Kindes noch **zusammenwachsen** müssen. Die Knochen eines Babys sind teilweise noch sehr **weich**.

LAPBOOK UNSER KÖRPER
Den menschlichen Körper kreativ erarbeiten – Bestell-Nr. 12 884

Lösungen

- Das Skelett schützt auch unsere **inneren Organe**. Im **Brustkorb** befinden sich z. B. das Herz und die Lunge. Unser wichtigstes Organ, das **Gehirn** wird vom **Schädelknochen** geschützt.
- Der kleinste Knochen des menschlichen Skeletts ist im **Ohr**. Er wird **Steigbügel** genannt und ist ca. 2,6 bis 3,4 mm lang. Der längste Knochen ist im Oberschenkel und heißt **Oberschenkelknochen**.
- Damit dein Körper sich bewegen kann, hat er verschiedene Arten von **Gelenken**. Es gibt das **Kugelgelenk** (z. B. Hüfte), das **Scharniergelenk** (z. B. Ellenbogen) und das **Sattelgelenk** (Daumengelenk).
- 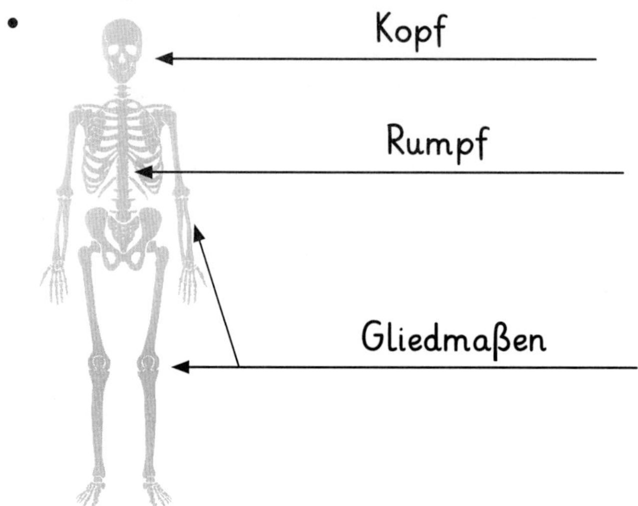

S. 15 Unsere Verdauung

- Die **Bauchspeicheldrüse** stellt ebenfalls Verdauungssäfte her, die sie an den Dünndarm abgibt. Außerdem achtet sie darauf, dass immer die richtige Menge **Zucker** im Blut vorhanden ist.
- Die **Leber** reinigt das Blut, verarbeitet die Nährstoffe, die sie mit dem Blut aus dem Dünndarm bekommt und schickt diese an die Nieren weiter. Dann holt sie Zucker und **Nährstoffe** aus dem Blut und speichert sie für später. Sie stellt auch die **Verdauungssäfte** für die Verdauung im Dünndarm her.
- Im Dickdarm landet nun der wertlose, wässrige Brei, den der Körper nicht mehr braucht. Der Dickdarm nimmt die **Flüssigkeit** mit den Blutgefäßen in seinen Wänden auf und schickt sie mit dem Blut an die **Nieren** weiter. Der Rest ist Abfall und wird durch den **After** ausgeschieden.
- Die Verdauung beginnt bereits im **Mund**. Durch sorgfältiges Kauen vermischt sich die Speise mit dem **Speichel** zu einem Brei. Mit der Zunge schmeckt man die Nahrung. Durch das **Schlucken** gelangt die matschige Nahrung über die **Speiseröhre** in den Magen.

KOHL VERLAG
LAPBOOK UNSER KÖRPER
Den menschlichen Körper kreativ erarbeiten – Bestell-Nr. 12 884

Lösungen

- Im **Magen** wird die Nahrung in einen wässrigen Brei verwandelt. Zuerst wird der Magen an beiden Enden verschlossen. Dann tropfen aus seinen Wänden verschiedene **Verdauungssäfte**, sodass sich die zermatschte Nahrung in noch kleinere Teile auflöst. Nach ca. 3 Stunden fließt der Brei weiter zum **Dünndarm**.
- Der Dünndarm ist ein sehr dünner Schlauch, aber ca. 6 m lang. Damit er genug Platz hat, ist er in viele kleine Schlingen zusammen gelegt. **Gallenflüssigkeit** aus der Leber und der Bauchspeicheldrüse fließen hinein. Dort werden die wertvollen **Vitamine** aufgenommen und der Rest kommt in den **Dickdarm**.

S. 17 Unser Gehirn

- Das Gehirn wird vom harten **Schädelknochen**, von 3 Häuten und einer Flüssigkeit geschützt und wiegt beim erwachsenen Menschen ca. 1400 Gramm (= 1,4 Kilogramm). Es besteht aus mehr als 100 Milliarden (100.000.000.000) **Nervenzellen und Nervenfasern**.
- Nervenzellen verarbeiten **elektrische Reize**, die aus dem Körper oder von den Sinnesorganen kommen. Nervenfasern sind die Verbindungen zwischen den einzelnen Nervenzellen und können **1 Meter** lang werden (Rückenmark). Die Stellen, an denen diese Nervenfasern zusammenstoßen, heißen Synapsen.
- Das Großhirn hat viele Falten und besteht aus **2 Hälften**, die durch einen dicken Nervenstrang verbunden sind. Die äußere Schicht nennt man **Großhirnrinde**. Diese enthält viele Milliarden Nervenzellen. Hier werden alle Informationen, die über die **5 Sinne** wahrgenommen werden, verarbeitet. Aber auch das Gedächtnis hat hier seinen Sitz und Bewegungen werden von hier aus gesteuert.
- Das Kleinhirn besteht ebenfalls aus 2 Hälften und liegt hinten unter dem **Großhirn**. Es ist vor allem für das **Gleichgewicht** und Zusammenspiel von Muskeln und Bewegungen zuständig. Aber auch für das **Sprechenlernen** spielt es eine wichtige Rolle.
- Das Zwischenhirn liegt gut geschützt unter dem Großhirn und verbindet dieses mit dem **Stammhirn**. Hier werden Informationen aus dem Körper und von außerhalb verarbeitet, bevor sie in die **Großhirnrinde** weiter geleitet werden.

LAPBOOK UNSER KÖRPER – Bestell-Nr. 12 884
Den menschlichen Körper kreativ erarbeiten

Lösungen

- Das Stammhirn (oder Hirnstamm) besteht hauptsächlich aus Nervenfasern und verbindet das **Rückenmark** mit dem Großhirn, sowie die beiden Großhirnhälften. Hier laufen alle Informationen aus den **Sinnesorganen** zusammen und werden an das Großhirn weitergeleitet. Von hier aus werden auch alle lebenswichtigen Körperfunktionen gesteuert und REFLEXE ausgelöst.

- Großhirn
  Zwischenhirn
  Stammhirn
  Kleinhirn

S. 20 Die drei Hauptbestandteile des Blutes

- **Weiße Blutkörperchen (Leukozyten):** Diese Teile des Blutes sind die „Körperpolizei". Sie erkennen Viren, Bakterien und andere Krankheitserreger, aber auch fremde Zellen und Gewebe und können diese abwehren.

- **Rote Blutkörperchen (Erythrozyten):** Diese Teile des Blutes bilden den größten Anteil der Zellen im Blut. Sie können sich leicht verformen und sich in jedes noch so kleine Blutgefäß quetschen, um den Körper mit Sauerstoff zu versorgen und das Abfallprodukt Kohlendioxid abzutransportieren.

- **Blutplättchen (Thrombozyten):** Diese Blutbestandteile erfüllen eine wichtige Aufgabe: Sie „verschließen" blutende Wunden wie ein körpereigenes Pflaster, sodass Blutungen zum Stillstand kommen und Wunden sich wieder verschließen.

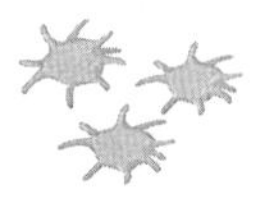

- Der größte Teil des Blutes ist allerdings flüssig und wird **Blutplasma** genannt. Es besteht zum allergrößten Teil aus **Wasser**. Der Rest sind Nährstoffe, Hormone, Mineralien und **Eiweißen**. Diese Eiweiße sind zur Blutgerinnung und Abwehr von **Infektionen** lebenswichtig.

KOHL VERLAG LAPBOOK UNSER KÖRPER Den menschlichen Körper kreativ erarbeiten – Bestell-Nr. 12 884

Lösungen

S. 23 Die drei Schichten der Haut

- **Oberhaut (Epidermis):** Die Epidermis ist die oberste Hautschicht, die Grenze unseres Körpers zur Außenwelt. Sie bildet eine Schutzbarriere gegen Fremdstoffe ebenso vor UV-Strahlung und Belastung.
- **Lederhaut (Dermis):** Die Dermis oder Lederhaut ist die mittlere der drei Hautschichten. In ihr befinden sich die Talg- und Schweißdrüsen, Haarwurzeln, Gefäße und Nerven sowie Muskelzellen.
- **Unterhaut und Fettgewebe (Subcutis):** Die Subcutis ist die unterste der drei Hautschichten. In ihr werden Wasser und Fett eingelagert, als Notfallspeicher für den Körper. Außerdem schützt das Fett den Körper vor Kälte.

- Die Haut ist ein **Organ** des Körpers. Sie bedeckt die **Außenseite** des Körpers. Als Hülle schützt sie uns vor Verletzungen und vor **Bakterien**. Sie wiegt mehr als jedes andere Organ. Bei einem erwachsenen Menschen ist sie fast **2 Quadratmeter** groß.
- In der Haut sind kleine Farbstoffe, die **Pigmente**. Menschen mit dunkler Hautfarbe haben sehr viele Pigmente. Wenn die Sonne auf die Haut scheint, stellt sie **mehr** Pigmente her. Dadurch wird die Haut **dunkler** und sie wird besser gegen die Sonne geschützt. Hellhäutige Menschen hingegen bekommen leicht einen **Sonnenbrand**.

S. 26 Unsere Lunge

- Die Lunge ist ein **Organ** in der Brust. Sie versorgt den Körper mit **Sauerstoff**. Außerdem entfernt sie **Kohlendioxid** aus dem Körper, das ist der **verbrauchte** Sauerstoff.
- Der Mensch besitzt wie jedes Säugetier **zwei** Lungenflügel. Der rechte besteht aus drei **Lungenlappen**, der linke aus zwei, denn dort braucht das **Herz** noch seinen Platz.
- Die Lunge ist aus vielen verzweigten **Luftrohren** aufgebaut. Sie beginnen mit zwei Hauptrohren an der **Luftröhre**, den Hauptbronchien.
- Die **Hauptbronchien** verzweigen sich in immer kleiner werdende Rohre. Sie enden in kleinen Bläschen, den **Alveolen**. An den Wänden dieser Luftbläschen liegen winzige Adern.

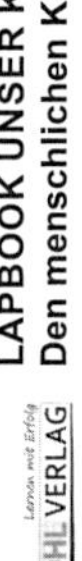

LAPBOOK UNSER KÖRPER
Den menschlichen Körper kreativ erarbeiten – Bestell-Nr. 12 884

Lösungen

- Über diese Adern nimmt das **Blut** Sauerstoff aus der Atemluft auf. Umgekehrt gibt der Körper so Kohlendioxid aus dem Blut an die **Bläschen** ab, das dann ausgeatmet werden kann.
- Die Adern der Lunge sind über einen eigenen **Blutkreislauf** mit dem Herz verbunden. Man nennt ihn den „kleinen Kreislauf" oder „**Lungenkreislauf**".

S. 28 Die Nieren

- Die Nieren sind wichtige Organe eines Menschen. Sie liegen im Bauch, ganz hinten nahe der **Wirbelsäule**. Normalerweise hat jeder Mensch **zwei** Nieren.
- Die Nieren filtern das **Blut**. Zuerst holen sie das überschüssige **Wasser** heraus. Dabei entsteht **Urin**. Wenn das Blut durch eine Niere hindurchfließt, reinigt sie es auch. Was der Körper nicht mehr braucht oder was **giftig** ist, wird herausgefiltert.
- Die gefilterten Giftstoffe geben dem Urin die **gelbe** Farbe. Der Urin fließt durch die **Harnleiter**, das sind dünne „Schläuche", und von dort in die Harnblase. Die **Harnblase** ist eine Art Warteraum, damit wir nicht immer auf das WC rennen müssen.
- Wenn die Nieren nicht mehr richtig arbeiten, stauen sich im Körper die **Giftstoffe**. Ein Arzt verschreibt dann oft ein Medikament. Es gibt Geräte, die anstelle der Nieren die Giftstoffe aus dem Blut filtern, das nennt man **Dialyse**.
- Manchmal ist eine **Operation** nötig. Heutzutage kann man einem Menschen die Niere eines anderen Menschen geben, man „**transplantiert**" sie. Man kann auch leben, wenn man nur **eine** Niere hat.

S. 31 Die Leber

- Die Leber ist das zweitgrößte **Organ** des Menschen. Beim Erwachsenen wiegt sie etwa **1,5 bis 2 kg**. Sie liegt im oberen Teil des Bauchs unter dem **Zwerchfell**.
- Ihre Farbe ist **dunkelrot**, weil die Leber sehr gut mit Blut versorgt wird. Die Leber macht viele Dinge gleichzeitig, und ohne sie könnten wir nicht überleben. In ihr sind **Nährstoffe** gespeichert, sie hilft bei der **Verdauung** und beseitigt die Gifte und Abfallstoffe, die im Blut sind.
- Die Leber sorgt auch dafür, dass unser Blut aus den richtigen Teilen zusammengesetzt ist. Man kann sich die Leber als eine Art **Fabrik** vorstellen, in der viele wichtige Stoffe hergestellt werden.

Lösungen

- Eine dicke Ader, die **Pfortader**, bringt Blut mit vielen Nährstoffen aus dem Darm heran. Eine andere Ader, die **Leberarterie**, liefert Blut mit viel Sauerstoff aus dem Herzen. Diese beiden Blutströme vermischen sich in der Leber. Dort wird das Blut **gereinigt**.
- Einige Stoffe werden aus dem Blut **herausgezogen**, andere werden hinzugefügt. Ohne die Leber würden die Zellen des Körpers nach jeder Mahlzeit mit Unmengen von **Zucker** und anderen Nährstoffen überschwemmt.
- Manchmal werden dringend **Nährstoffe** gebraucht, wenn gerade nichts vom Darm geliefert wird. Dann gibt die Leber aus ihrem Vorrat Nährstoffe ab. In der Leber wird auch **Gallenflüssigkeit** hergestellt. Sie wird gebraucht, um Fett zu verdauen und wird in der **Gallenblase** gesammelt.

S. 33 Unsere Zähne

- 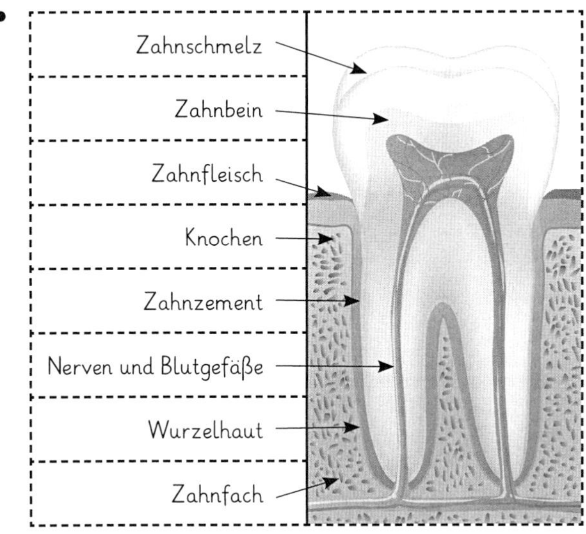

- Unsere Zähne: haben verschiedene Aufgaben
- Milchgebiss: hat 20 Zähne
- Erwachsenengebiss: hat 32 Zähne
- Schneidezähne: schneiden das Essen ab
- Eckzähne: halten fest und zerreißen
- Backenzähne: mahlen

- Ein Milchgebiss hat 8 Schneidezähne, 4 Eckzähne und 8 Backenzähne. Ein Erwachsenengebiss hat 8 Schneidezähne, 8 Eckzähne, 8 Backenzähne und 4 Weißheitszähne.

LAPBOOK UNSER KÖRPER
Den menschlichen Körper kreativ erarbeiten – Bestell-Nr. 12 884

Lösungen

S. 40 Zahn-Redewendungen

- „Jemandem die Zähne zeigen": Jemand droht und zeigt die Absicht sich zu wehren.
- „Jemandem auf den Zahn fühlen": Man will jemanden genau prüfen.
- „Die Zähne zusammenbeißen": Jemand muss eine schwierige Situation tapfer durchstehen.
- „Sich die Zähne an etwas ausbeißen": Jemand hat etwas trotz großer Anstrengung nicht geschafft.
- „Etwas zähneknirschend ertragen": Jemand hält etwas nur widerwillig aus.
- „Diesen Zahn hat man ihm gezogen": Man zerstört jemandem einen Wunschtraum.

S. 41 Die Nase

- In der Nase sitzt unser **Geruchssinn**. Mit unserer Nase riechen wir **Gerüche**, **Aromen**, **Düfte** und **Gestank**. Manche davon empfinden wir als **angenehm**, manche aber als **unangenehm**.
- Die Nase kontrolliert alle Gerüche in der Luft und unterscheidet sofort, ob etwas gut riecht oder stinkt. Wenn sie **Rauch** riecht, warnt sie uns vor Feuer. Wenn sie etwas Verdorbenes riecht, warnt sie uns davor, es zu **essen**. Wenn sie etwas Essbares riecht, regt sie unseren **Appetit** an. Wenn sie frische Blumen riecht, macht sie uns froh.
- Die Nase hat noch eine zweite wichtige Aufgabe: Sie **erwärmt** die Luft, die wir einatmen und reinigt sie, bevor sie durch die **Luftröhre** zur Lunge gelangt.
- Gerüche sind **Gase** in der Luft, die sich mit ihr verbinden und die wir beim Atmen in unsere Nase aufnehmen. Wenn wir einen Duft nur schwach wahrnehmen, **schnüffeln** wir, damit mehr Geruchstoffe in unsere Nase kommen können. Der Mensch kann zwischen **4000 bis 10.000** verschiedene Gerüche unterscheiden.
- Wenn du eine Nase von außen anschaust, gibt es ganz verschiedene Formen und Größen. Aber alle Nasen haben zwei **Nasenflügel**, zwei **Nasenlöcher** und eine **Nasenscheidewand**. Der äußere Teil der Nase besteht aus Knochen und Knorpeln.

KOHL VERLAG LAPBOOK UNSER KÖRPER Den menschlichen Körper kreativ erarbeiten – Bestell-Nr. 12 884

Lösungen

- Innen hat die Nase Haare, die dazu dienen, **Schmutz** und **Fremdkörper** aus der Luft zu filtern und wieder auszuatmen. Die Nase besteht aus verschiedenen Nebenhöhlen, nämlich den **Kieferhöhlen**, **Nasenhöhlen** und den **Stirnhöhlen**.
- Die Nase hat eine ganz feine Haut, die **Riechschleimhaut**. Auf dieser Haut sind über zehn Millionen **Riechzellen** mit feinen **Riechhärchen** verteilt. Diese Härchen sammeln die **Geruchsstoffe** und leiten sie über **Riechnerven** zum Gehirn weiter. Jetzt empfinden wir die eingeatmete Luft als **Geruch**.
- Wenn wir längere Zeit den gleichen Geruch einatmen, gewöhnen wir uns daran und nehmen ihn nur noch **abgeschwächt** wahr. Riechzellen sterben nach etwa 30 **Tagen** ab und es entstehen neue.
- Wir atmen und riechen immer nur mit einem **Nasenflügel**, einmal mit dem rechten, einmal mit dem linken, je nachdem, welcher gerade „Dienst hat". So alle drei bis vier **Stunden** wechseln sich die beiden ab: Ein Nasenflügel arbeitet, der andere ruht sich aus.

S. 45 Die Augen

- Das Auge ist für uns Menschen ein sehr wichtiges **Sinnesorgan**. Wir können damit Farben, Formen, Dimensionen, Bewegungen und die Lage von Dingen **sehen**.
- Das **Augenlid** schützt das Auge vor verschiedenen Gefahren. Durch jeden Lidschlag sorgt es dafür, dass die **Tränenflüssigkeit** gleichmäßig verteilt ist und das Auge feucht bleibt. Dabei reinigt es die **Hornhaut** und benetzt sie, damit diese sauber bleibt. Die **Wimpern** schützen das Auge vor Fremdkörpern, die **Augenbrauen** schützen das Auge vor Schweiß.
- Wenn wir sagen, unsere **Augenfarbe** sei Blau, Grün oder Braun, meinen wir damit den kreisförmigen Teil des Auges, den man Iris oder **Regenbogenhaut** nennt. In der Mitte der Iris befindet sich die Pupille, durch die das Licht ins Auge einfallen kann.
- Die **Pupille** ist nicht immer gleich groß; je nach Lichtmenge, die einfällt, dehnt sie sich **aus** oder zieht sich **zusammen**. So passt sich das Auge schnell an, wenn wir von einem dunklen Raum in ein helles Licht kommen. Vor der Pupille liegt die dünne, durchsichtige **Hornhaut**.
- Da die Lichtstrahlen von einem **Gegenstand** in einer geraden Linie auf das Auge treffen, entsteht im Innern ein umgekehrtes und verkleinertes **Bild** vom Gegenstand. Das gesehene Bild „steht Kopf". Danach muss das **Gehirn** das Bild so umwandeln, damit es uns korrekt erscheint und wir es richtig wahrnehmen können.

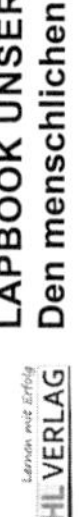

Lösungen

- Viele Menschen benötigen eine **Brille**, weil sie schlecht sehen können. Kurzsichtige Menschen können Dinge, die in der **Nähe** sind besser sehen, weitsichtige Menschen können Dinge, die in der **Ferne** sind, besser sehen. Wenn ein Mensch überhaupt nichts sehen kann, ist er **blind**.

S. 48 Unsere Ohren

- Um zu hören brauchen wir unsere **Ohren**. Mit den Ohren hören wir Geräusche – Klänge – Töne – Lärm. Unsere Augen können wir schließen, wenn wir nichts sehen wollen; unser **Gehör** können wir nicht abstellen. Wir hören immer — auch wenn wir ein Geräusch als unangenehm empfinden.
- Der Mensch besitzt wie jedes Säugetier **zwei** Ohren. Das Ohr besteht aber aus mehr als nur den sichtbaren **Ohrmuscheln**. Alle wichtigen Hörvorgänge geschehen im **Inneren**. Ein gesundes Ohr kann bis zu **400.000** verschiedene Töne unterscheiden.
- Die **Schallwellen** werden in der Ohrmuschel gesammelt und über den Gehörgang ins **Mittelohr** weiter geleitet. Dort treffen sie auf das **Trommelfell**. Die Schwingungen auf dem Trommelfell gehen über die **Gehörknöchelchen** Hammer, Amboss und Steigbügel weiter zur **Schnecke**.
- In der Schnecke ist das wirkliche Gehör, denn darin befinden sich **Sinneszellen**, die die Nachricht über den Hörnerv an das **Gehirn** weiter leiten. In den Bogengängen im Innenohr befindet sich noch ein Organ, das für unser **Gleichgewicht** verantwortlich ist.
- Das Gehör ist sehr wichtig, um mit der Umwelt einen direkten Kontakt herzustellen. Wer nicht gut **hört**, hat große Mühe, sich mit anderen Menschen zu unterhalten. Das Gehör kann uns auch vor **Gefahren** warnen, z. B. im Straßenverkehr.
- Wir brauchen zwei Ohren, um uns **orientieren** zu können. Die Schallwellen in beiden Ohren kommen nicht **gleichzeitig** bei den Gehörsinneszellen an. Durch sehr schnelles Berechnen der Zeitunterschiede kann das Gehirn die **Richtung** des Schalles festlegen.

LAPBOOK UNSER KÖRPER
Den menschlichen Körper kreativ erarbeiten – Bestell-Nr. 12 884

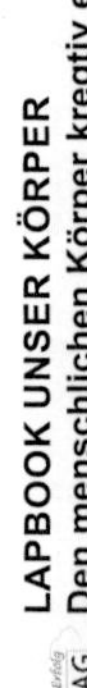

Lösungen

S. 50 Die Zunge

- Um zu wissen, wie etwas schmeckt, brauche ich die **Zunge**. Durch den **Mund** nehme ich die Nahrung ein und dank der Zunge erkenne ich den **Geschmack**. Die Zunge ist das **Geschmacksorgan**.
- Außer den vier Geschmackrichtungen **süß**, **sauer**, **bitter** und **salzig** gibt es noch die Geschmacksart umami, die z. B. das Aroma von Fleisch oder Gebratenem beschreibt. Zudem gibt es Empfindungen wie scharf, herb, aromatisch, fruchtig und noch mehr.
- Im Spiegel erkennst du, dass die Oberfläche der Zunge sehr **rau** ist. Du kannst ganz viele kleine Zäpfchen sehen: die **Geschmacksknospen**. Die etwa **9000** Geschmacksknospen sind mit dem Nervensystem verbunden, das direkt zum **Gehirn** führt. So weißt du, welchen Geschmack du gerade im Mund hast und wie intensiv er ist.
- Damit die Geschmackssinneszellen die Stoffe erkennen können, müssen diese **flüssig** sein. Feste Speisen werden deshalb gleich mit **Speichel** eingeweicht, damit du sie auch besser schlucken kannst. Wenn dein Mund **trocken** ist, kannst du nichts schmecken. Erst durch den Speichel gelangen die **Aromastoffe** der Nahrung zu den Geschmacksknospen.
- Auch der **Geruchssinn** ist für die Erkennung des Geschmackes notwendig. Das merkst du am besten, wenn du **erkältet** bist und deine Nase nichts riechen kann. Dann schmeckt nämlich auch das Essen langweilig und fad, weil du eben das Aroma nicht erkennst. Die Zunge ist also nicht nur für das **Schmecken** zuständig, sondern auch für das Kauen, das Schlucken und natürlich für das Sprechen.
- Beim Essen führt die **Zunge** die Nahrung zu den Zähnen, die sie **zerkauen** und so zerkleinern. Danach formt die Zunge die Nahrung zu kleinen **Klumpen** und schickt sie in den Rachen, wo du sie hinunter schluckst.

Rätsel & Spiele Sachunterricht

Peter Botschen & Marlies Zibell

Spiele zur Geschichte

Für schnelle oder besonders motivierte Schüler*innen empfehlen wir diese Arbeitshefte. Vorhandenes Wissen wird spielerisch wiederholt und gefestigt. Dies geschieht mit Kreuzworträtseln, Quartetts, Dominos, Lernsternen, Puzzles ...

32 S.	Griechen	10 980	ab 11,99 €
32 S.	Römer	11 827	ab 11,99 €
32 S.	Ägypter	11 975	ab 10,99 €
32 S.	Mittelalter	12 029	ab 10,99 €
32 S.	Burgen & Ritter	12 030	ab 10,99 €

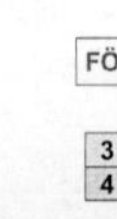

Autorenteam Kohl-Verlag

Rätsel / Band 5: Zeit & Geschichte

Ein bunter Rätsel-Mix mit Suchseln, Silbenrätseln, Ketten- und Gitterrätseln sowie vielen weiteren interessanten Rätselarten zum Thema Zeit und Geschichte. Die Arbeitsblätter sind in drei Niveaustufen eingeteilt und bestens geeignet zur Differenzierung innerhalb einer Klasse/Gruppe. Ideal geeignet als Lückenfüller, für die Vertretungs- oder Freistunde oder als Hausaufgabe. Die Schülerinnen und Schüler lernen zahlreiche gesellschaftliche und geschichtliche Themen kennen bzw. vertiefen ihr bereits vorhandenes Wissen.

48 S.	12 892	ab 13,49 €

NEU: Lapbooks Sachunterricht

Die Arbeits- und Bastelhefte enthalten mehrere Lapbooks als Bastelvorlagen zu diversen Sachthemen. Optimales Freiarbeitsmaterial zum selbstständigen Arbeiten!

Gabriela Rosenwald

Lapbooks Jahreszeiten

Viermal jährlich erleben wir den Wandel der Natur. Für Kinder ganz besonders spannend, denn zu jeder Jahreszeit gibt es viel zu entdecken und zu erleben: Die Natur ändert ihr Gesicht, verschiedene Fest werden begangen. So können die Kinder in diesem Lapbook viele eigene Eindrücke zusammentragen. Es entsteht ein Werk mit vielen Informationen rund ums Jahr.

32 Seiten	13 013	ab 11,99 €

2
3
4

Gabriela Rosenwald

Lapbooks Wald

Bäume, Sträucher, Farne, Moose, Blumen, Kräuter und vor allem viele Tiere gehören zum Wald. Manches ist unseren Kindern bekannt, vieles muss noch „erforscht" werden. Das Lapbook bietet die Möglichkeit, dass eigene Ideen und Informationen eingebracht oder die vorgefertigten Seiten bearbeitet werden können. Die Kinder werden Freude an diesen Seiten haben!

32 Seiten	13 010	ab 11,99 €

3
4

Gabriela Rosenwald

Lapbooks Getreide

Getreide ist eines unserer Grundnahrungsmittel. Weizen, Roggen, Gerste, Hafer und Mais wachsen bei uns, Reis und Hirse sind wichtig in Asien und Afrika. Die Entwicklung des Korns, der Werdegang zum Brot und die Arbeiten auf dem Feld früher und heute werden in einem Lapbook dargestellt. Die Kinder können eigene Ideen einbringen oder die vorgefertigten Seiten nutzen.

32 Seiten	13 012	ab 11,99 €

3
4

Gabriela Rosenwald

Lapbooks Bauernhof

Bauernhof – ein spannendes Thema für alle Kinder. Auch wenn sie zuerst an die Tiere auf dem Hof denken, fällt da doch noch so einiges an, was sie kennen sollten. Die Arbeit der Landwirte, die Produkte, die aus ihren Erzeugnissen (Milch, Getreide, Kartoffeln, Gemüse, Fleisch) entstehen. In diesem Lapbook können die Kinder vieles über den Bauernhof erarbeiten.

32 Seiten	13 011	ab 11,99 €

3
4

Gabriela Rosenwald

Lapbooks Igel

Er ist unverwechselbar. Kein anderes heimisches Tier hat einen Stachelpelz. Der Igel wird in seinem Jahreslauf begleitet, vom Frühling bis zum Winterschlaf. So können die Schüler und Schülerinnen hier in einem Lapbook ihre Bilder und Ideen einbringen. Mit wenig Material lassen sich viele Informationen und Texte auf wenig Platz erstellen.

32 Seiten	13 008	ab 11,99 €

3
4

Gabriela Rosenwald

Lapbooks Fledermaus

Fledermäuse sind faszinierende Tiere: Es sind die einzigen Säugetiere, die fliegen können. Sie haben Zähne, ein Fell und bringen lebende Junge zur Welt. Hier soll auf interessante und doch einfache Weise den Schüler:innen Wissen über das Leben der Fledermäuse vermittelt werden. Das geschieht in Form eines Lapbooks.

32 Seiten	13 009	ab 11,99 €

3
4

Lapbook Unser Körper – 12 884 | Lapbook NaWi – 12 879 | Lapbooks Natur & Lebensraum – 12 880 | Lapbook Haustiere – 12 883 | Lapbooks Unsere Ernährung – 13 007

NEU: Sachunterricht Grundschule

Mit „Sachunterricht Grundschule" starten wir eine brandneue Unterrichtsreihe mit fix & fertigen Unterrichtseinheiten in zwei Differenzierungsstufen. Die Reihe wird konsequent erweitert!

Marion Brugger

Das Wetter

Natürlich ist das Wetter im Kinderalltag schon wichtig, kann man rausgehen, sogar schwimmen im Sommer, warum muss man zum Schlittenfahren meistens in die Berge? An diese Fragen knüpft das Material mit der Darstellung von Problemen des Messens von Temperatur und Windstärke an, es zeigt, dass Regenwasser nicht aus dem Nichts entsteht, und ähnliche spannende Dinge – in zwei Schwierigkeitsstufen aufgeteilt in passgenaue Einheiten zum Unterrichten.

48 Seiten	12 893	ab 13,49 €

Aa
2
3
4

Marion Brugger

Der Wald

Das Material ermuntert die Kinder dazu, mehr in den Wald zu gehen und sich dort genauer umzuschauen. Bei Pflanzen geht dies leicht, aber so kommt gerade erst recht Interesse für die selten zu sehenden Tiere auf. Der Lehrer kann hier leicht punkten, wenn er z. B. auf Veränderung der Tiere während ihrer Lebensphasen oder ihre Fußspuren eingeht; hierbei wird er durch die in zwei Schwierigkeitsstufen differenzierten, für den Unterricht gegliederten Pakete bestens unterstützt.

48 Seiten	12 894	ab 13,49 €

Aa
2
3
4

Marion Brugger

Die Ägypter

In der ersten Übungseinheit werden grundlegende Informationen zu den Überzeugungen der Ägypter in Bezug auf ihr Leben – soziale Strukturen, Erziehung der Kinder, Wohnstätten, Forscher, Götter u.v.m. – gegeben. In der zweiten Übungseinheit werden einzelne Themen aufgegriffen und vertieft angeboten/aufbereitet. Beide Übungseinheiten sind durch spielerisch dargebotene Inhalte aufgelockert und motivieren dadurch die Kinder, sich auch selbstständig mit diesem interessanten Volk zu beschäftigen.

52 Seiten	12 895	ab 14,49 €

Aa
2
3
4

Autorenteam Kohl-Verlag

Tiere im Winter

NEU

Wenn der erste Schnee fällt und er die Landschaft mit einer weißen Schicht bedeckt, erscheint die Umgebung wie eine andere Welt. Doch auch für die Tiere bedeutet dieser Jahreszeitenwechsel eine enorme Veränderung. Sie haben sich schon vorher auf diese Umstellung vorbereitet und müssen sich auch in der kalten Zeit an die harten Bedingungen anpassen. In diesem liebevoll gestalteten Arbeitsheft können die Kinder in diese magische Jahreszeit eintauchen und sich mehr mit dem Leben der Tiere im Winter auseinandersetzen.

48 Seiten	13 017	ab 13,49 €

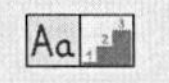

2
3
4

Themenhefte Sachunterricht

Rudi Lütgeharm

Themenheft Sachunterricht

Die Themen im Sachunterricht knüpfen an Erfahrungen und Vorkenntnissen der Jungen und Mädchen an. Mit originellen und kreativen Übungsangeboten wird altersangemessen grundlegendes Wissen aus Natur, Raum, Zeit und Geschichte, Gesellschaft und Technik vermittelt, wobei handlungsorientiertes und besonders einprägsames Lernen im Vordergrund steht. Praktisch erprobte Aufgaben und Übungen erleichtern das selbstständige Arbeiten der Schülerinnen und Schüler. Lösungen am Ende eines jeden Kapitels dienen der Selbstkontrolle. Diese Themenhefte beinhalten Materialien und Kopiervorlagen und verringert damit den Vorbereitungsaufwand für Lehrerinnen und Lehrer.

64 S.	Klasse 2/3	12 687	ab 16,49 €
64 S.	Klasse 4	12 688	ab 15,99 €

2
3
4

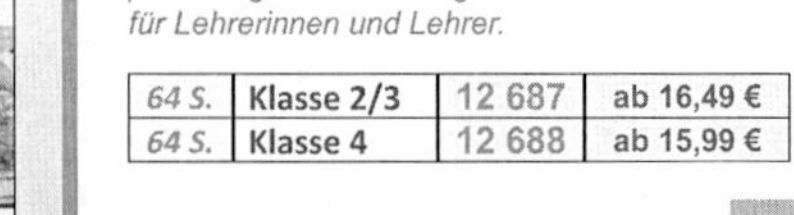

Sachunterricht